浙江省哲学社会科学规划
后期资助课题成果文库

# 吸引性经济权力在中国外交中的运用方式研究

常璐璐 著

ZHEJIANG UNIVERSITY PRESS
浙江大学出版社

**图书在版编目（CIP）数据**

吸引性经济权力在中国外交中的运用方式研究 / 常璐璐
著. — 杭州：浙江大学出版社，2021.12
ISBN 978-7-308-22104-7

Ⅰ. ①吸⋯ Ⅱ. ①常⋯ Ⅲ. ①经济实力－关系－外交－研究－
中国 Ⅳ. ①D82

中国版本图书馆CIP数据核字(2021)第248477号

**吸引性经济权力在中国外交中的运用方式研究**

常璐璐　著

| | | |
|---|---|---|
| 责任编辑 | 陈　翩 | |
| 责任校对 | 丁沛岚 | |
| 封面设计 | 周　灵 | |
| 出版发行 | 浙江大学出版社 | |
| | （杭州市天目山路148号　　邮政编码　310007） | |
| | （网址：http://www.zjupress.com） | |
| 排　　版 | 杭州林智广告有限公司 | |
| 印　　刷 | 广东虎彩云印刷有限公司绍兴分公司 | |
| 开　　本 | 710mm×1000mm　1/16 | |
| 印　　张 | 13.25 | |
| 字　　数 | 180千 | |
| 版 印 次 | 2021年12月第1版　2021年12月第1次印刷 | |
| 书　　号 | ISBN 978-7-308-22104-7 | |
| 定　　价 | 52.00元 | |

# 目　录

# 第一章 导 言

在相互依赖的条件下，经济议题的地位上升，军事议题的地位下降。通过经济力量谋求权力成为一个备受关注的问题，并且，与其他权力手段相比，经济权力有其特殊的作用方式。特别是吸引性经济权力，它通过黏性力量发挥作用。本书通过中国运用经济权力的实践，提出了吸引性经济权力的概念，并将分析其作用机制和运用方式。本章将开门见山地提出研究问题，梳理经济权力的相关文献，提出吸引性经济权力的概念，并交代本书的研究方法、研究意义、创新点和研究框架。

## 第一节 研究问题的提出

### 一、问题来源

#### 1. 为什么研究经济权力

对经济权力的关注，一方面来源于中国不断增长的经济实力这一现实，另一方面来源于相互依赖条件下军事权力的作用空间不断缩小而经济权力的作用空间越来越大这一形势。按照 GDP 计算，中国的 GDP 从 1990 年的 4045 亿美元增加到 2013 年的 9.47 万亿美元，2013 年是

1990 年的 23.4 倍。在 1990 年，中国的 GDP 只有美国的 7.1%、日本的 13.1%；2013 年，中国的 GDP 已经达到美国的 56.4%、日本的 193%。国际货币基金组织根据新的购买力平价计算法，估算 2013 年中国 GDP 为 16.1 万亿美元，仅比美国少 6000 亿美元。2014 年 10 月，英国《金融时报》报道称，根据最新定义的购买力平价标准，中国的 GDP 已经超过美国，成为世界第一经济大国。[①] 中国的经济增长与经济全球化的大背景是密不可分的。20 世纪中叶开始形成的美苏冷战两极格局虽然制约了世界大战的爆发，但是也使整个世界笼罩在军事竞争的气氛之下。20 世纪 90 年代苏联解体以后，特别是伴随着新技术革命的深入发展，军事力量的地位下降，经济和科技优势成为国际竞争力的核心。也正是在这样的国际背景下，邓小平作出了世界和平与发展两大主题的判断，并适时地提出改革开放，强调以经济建设为中心，中国经济才开始迈向大发展。

从学术研究上来看，1977 年《权力与相互依赖》出版时，罗伯特·基欧汉（Robert O. Keohane）和约瑟夫·奈（Joseph S. Nye）已经认识到了经济权力越来越重要。[②] 时至今日，研究经济权力的必要性已经毋庸置疑。正如奈所言，"经济权力将成为世界政治中成功的关键"，"胡萝卜日益比大棒重要"。[③] 并且中国经历改革开放以来的发展，经济规模从世界第十上升到世界第二，堪称"经济奇迹"。因此，中国经济本身就是一个很好的研究议题。但是受到传统现实主义理论的影响，也受到学科分类的限制，国际关系研究长期以来关注政治多于经济。经济学对中国经济有广泛的研究，但其关注点是经济本身，即中国经济为何高速增长以及如何持续高速增长。其实，不同学科对同一事物可以有不同的看法或不同的

---

① 复旦"国务智库"战略报告编写组. 复旦中国国家安全战略报告：安全、发展与国际共进 [R]. 2014：21.

② Keohane R O, Nye J S.Power and Interdependence：World Politics in Transition[M].Toronto：Little, Brown，1977：38.

③ Nye J S Jr. The Future of Power[M].New York：Public Affairs，2011：51.

观察视角，国际关系研究领域对中国经济的研究则可以"跳出经济看经济"，去探究如何将经济实力用作外交手段以维护和增加国家利益。

### 2. 为什么研究吸引性经济权力

吸引性经济权力，即经济权力的吸引力方面，是相对于经济制裁即经济权力的强制力而言的。对吸引性经济权力的研究，不仅有理论发展的需要，也有中国外交的现实需要。从已有的文献来看，关于经济制裁的研究比较丰富，而对经济吸引的研究相对缺乏。正如戴维·鲍德温（David A. Baldwin）在《权力的悖论》（*Paradoxes of Power*）一书中指出的，"关于积极利诱（positive sanctions，也即吸引性经济权力）在权力关系中的作用，不是政治学家说错了什么，而是他们什么都没说"①。在关于权力的研究中，政治学家有意或无意地忽略了权力的吸引力方面，而惯性地把权力定义为强制力。在这样的大背景下，经济权力的研究当然也不例外，学者关注更多的是经济的强制力而不是吸引力。包括奈也在硬权力与软权力的区分中，把经济力量作为硬权力的一部分。② 而在后来的著作中，他才把观点修正为："经济资源既能产生软权力也能产生硬权力。"③ 经济权力的强制力方面当然非常重要，因为在国家争端的解决中，即便是经济制裁的使用也比武力更温和。但是，经济权力的吸引力方面也不容忽视，因为在全球经济高度相互依赖的条件下，经济制裁的使用也要非常慎重，即使成功的制裁也不免"杀人一万，自损三千"。所以，对吸引性经济权力的研究兼具理论意义和现实意义。另外，本书研究的主体是中国，对吸引性经济权力的研究在很大程度上也是从中国外交对经济权力的使用中观察展开的。中国的外交方式偏向防御，中国的外交

---

① Baldwin D A.Paradoxes of Power[M].New York：Basil Blackwell，1989：58–59.

② Nye J S Jr.Bound to Lead：The Changing Nature of American Power[M].New York：Basic Books，Inc.，Publishers，1990：32.

③ Nye J S Jr.The Future of Power[M].New York：Public Affairs，2011：52.

传统偏向内敛，中国一贯倡导和合而不是攻伐。中国外交中的这些表现与中国的文化积淀不无关系，如"远人不服，则修文德以来之"体现了我们倡导依靠自身魅力吸引他人而不是依靠武力胁迫他人。所以，本书认为吸引性经济权力的研究虽然是普适性的理论，但在一定程度上也是从中国特色的外交方式中提取出来的理论。

3. 为什么研究吸引性经济权力的运用

经济实力（capability）不能等同于经济权力（power）。潜在的资源并不会无条件地转化为现实的权力，同样的资源在不同的环境下假以不同的策略也会产生不一样的权力结果，这就是鲍德温所讲的权力的"悖论"（paradox）所在。[1] 奈也指出，当人们谈到中国、印度这些崛起大国的时候，通常指的是它们巨大的人口规模和不断上升的经济军事力量，但是这些力量如何转化为想要的结果则需要一定的环境和技巧。[2] 诚然，经济实力不会自动转化为经济影响力，它需要的机制和条件就是经济实力的运用。从权力的使用向度来讲，运用方式可以分为吸引性运用与强制性运用。上文已经阐述了为什么要研究吸引性经济权力以及中国为什么把吸引性经济权力用作外交手段，所以本书将直接关注吸引性经济权力的具体运用方式。从经济总量上来看，中国已经成为第二大经济体，如此大规模的经济总量以及中国巨大的市场，都是中国可兹利用的吸引性经济权力的来源。因此，如何将这些存量经济利益盘活，如何将其有效地转化为外交影响力，是当前亟待解决的问题。

---

[1] Baldwin D A.Paradoxes of Power[M].New York：Basil Blackwell，1989：132–133.

[2] Nye J S Jr.Hard，soft，and smart power [M]// Cooper A F，Heine J，Thakur R.The Oxford Handbook of Modern Diplomacy.Oxford：Oxford University Press，2013：561.

## 二、研究问题

在提出本书的研究问题之前，我们先界定吸引性经济权力的概念，因为它是所有研究问题的中心。本书认为，外交中的吸引性经济权力是指国家或者国家联合体使用激励的方式，通过利用在存量利益格局中其他国际行为体对本国的经济依赖，以及通过允诺或实际给予其增量经济利益或者撤回这些利益允诺来发挥影响力的一种权力形式，其目的或是影响与其他国际行为体的一般关系，或是影响其他国际行为体的特定政策与行为，从而实现权力主体的外交政策目标。

本书研究的核心问题是如何在外交中运用吸引性经济权力。这个核心问题又包含几个具体问题，例如：什么是吸引性经济权力？吸引性经济权力的运用方式有哪些？吸引性经济权力的作用机制是怎样的？经济吸引和经济制裁之间是什么关系？除了总体上对吸引性经济权力进行分析之外，本书将展开讨论吸引性经济权力的运用方式。在将吸引性经济权力区分为四种类型后，本书将深入探究每一种方式，包括其概念、作用机理，以及外交实践中涉及的案例等。按照这样的思路，本书将始终围绕核心问题进行研究，并按照具体问题逐层展开。

## 第二节 文献回顾

本书首先梳理了权力和经济权力的概念及研究现状，然后提出了吸引性经济权力的概念，并界定了其在本书中的含义。本书梳理并讨论了权力到底是"资源"还是"关系"这个颇具争论的问题，并把本书的权力研究放在"关系"的维度进行；同时，本书也回顾了既往的研究对经济吸引与经济制裁的分类，并对原有的分类方式进行批判，进而提出本书的观点。

## 一、关于权力的研究

### 1. 国外研究综述

伯特兰·罗素（Bertrand Russell）是最早定义权力的思想家。罗素认为，人有渴望权力的冲动，人类与动物不同，他们有无限的欲望，在人类无限的欲望中，居首位的是权力欲望和荣誉欲望。他进而把权力定义为人类有意识去努力的产物，并且认为权力是一个可以量化的概念，"如果甲方获得许多有意的结果，而乙方却很少，那么甲方就比乙方更有权力"[①]。罗素提出的权力概念首次涉及权力的双方，并且从甲乙双方的比较中得出权力的大小。社会学家马克斯·韦伯（Max Weber）对权力的认识进一步接近权力的内核。他把权力界定为："权力意味着行为体在社会关系中居于这样一种地位的可能性，即哪怕遇到反对也能贯彻自己意志，不管这种可能性是建立在何种基础之上。"[②] 韦伯的权力概念明确地指出了权力的强制性，把权力视为一种支配关系。美国政治学家罗伯特·达尔（Robert A. Dahl）把权力更精练地定义为："A 对 B 有权力即意味着 A 能让 B 做他本不愿意做的事。"[③] 这一权力概念明确地指出了权力的强制性和关系性，即权力是一种迫使他者改变的强制力，并且权力是由施受双方共同形成的关系。

虽然权力的概念不断发展，但是不同学者对权力的概念界定仍然莫衷一是。哈罗德·拉斯韦尔（Harold Lasswell）和亚伯拉罕·卡普兰（Abraham Kaplan）说，"权力可能是整个政治科学中最基本的概念"[④]。但

①　罗素. 权力论：一个新的社会分析 [M]. 靳建国，译. 北京：东方出版社，1988：23.

②　Weber M.The Theory of Social and Economic Organization[M].New York：The Free Press，1947：152.

③　Dahl R A.The concept of power[J].Behavioral Science，1957，2（3）：202–203.

④　Lasswell H D，Kaplan A.Power and Society：A Framework for Political Inquiry[M].New Haven：Yale University Press，1950：75.

是权力却"一直是人人使用而无须适当定义的字眼"①。所以，罗伯特·吉尔平（Robert Gilpin）不得不感叹道："有关权力的定义如此之多，这是令政治学家感到尴尬的事情。"② 因此，我们不可能把权力界定为一个唯一的概念，而只能从不同的角度来认识它。

如上所述，权力的概念存在很大的模糊性，这种模糊性归根结底在于对权力是一种资源还是一种运用方式的争论。首先，从资源视角来看，权力等同于实力，权力的大小取决于可供利用的资源的多少。这在国际关系的现实主义理论中体现得尤为明显。国际政治学家、现实主义理论的鼻祖汉斯·摩根索（Hans J. Morgenthau）把权力定义为"人控制他人的思想和行动的权力"③。并且，他在《国家间政治：权力斗争与和平》（*Politics among Nations: The Struggle for Power and Peace*）中明确将国家权力的要素归结为9个方面：地理、自然资源、工业能力、战备、人口、民族性格、国民士气、外交的素质和政府的素质。④ 新现实主义一定程度上继承了古典现实主义的理论，并引入了结构分析的方法。他们认为，实力分布决定国际体系的结构，这将"资源即权力"的观点又向前推进了一步。作为新现实主义代表的肯尼思·沃尔兹（Kenneth N. Waltz，又译为华尔兹）认为，国际体系的结构取决于单元能力的分配。国家在自助系统中运用综合实力来维护自身的利益，"它们的地位取决于它们在以下所有方面的得分：人口、领土、资源禀赋、经济实力、军事实力、政治稳定及能力"⑤。从资源角度来看待，权力是现实的、具体的、可测量的。

然而，权力的悖论却是"具有丰富实力禀赋的国家，并不总能得到其

---

① 朗.权力论[M].陆震纶，郑明哲，译.上海：上海社会科学出版社，2001：1.

② Gilpin R.U.S.Power and the Multinational Corporation：The Political Economy of Foreign Direct Investment [M].New York：Basic Books，1975：24.

③ 摩根索.国家间政治：权力斗争与和平[M].徐昕，等译.北京：北京大学出版社，2006：139.

④ 摩根索.国家间政治：权力斗争与和平[M].徐昕，等译.北京：北京大学出版社，2006：148-188.

⑤ 华尔兹.国际政治理论[M].信强，译.上海：上海人民出版社，2008：139.

想要的结果"①，就像拿了一手好牌的人并不一定成为游戏的赢家一样。因此，权力研究的运用视角或"关系"视角得到了越来越多的重视。在政治学和社会学领域，拉斯韦尔和卡普兰在 1950 年出版的《权力与社会：一项政治研究的框架》（*Power and Society: A Framework for Political Inquiry*）一书标志着权力研究从"权力即资源"（power-as-resources）路径到"关系权力"（relational power）路径的转向。② 正如前文提到的，达尔是从关系角度来认识权力的，他对权力的概念界定得到了西方学界的广泛认可。关系性权力概念的发展也经历了几个阶段。首先，达尔的经典权力定义被视为权力的第一面，他把权力视为迫使他者行为改变的强制力；彼得·巴克拉克（Peter Bachrach）和莫顿·巴拉茨（Morton Baratz）的权力观被视为权力的第二面，他们探讨通过社会价值和政治制度限制议事日程③；史蒂文·勒克斯（Steven Luckes）的权力观是权力的第三面，他提出思想和信念同样有助于塑造他人的最初偏好④；米歇尔·福柯（Michel Foucault）从社会学的角度来看待权力并提出权力的第四面，认为我们所有的政治、经济、法律和宗教活动都根植于由权力关系造就的各种规则和语境控制的社会关系中⑤。综合以上概念内涵的演变发展，奈总结了关系性权力的三个方面：命令其改变（commanding change）、控制议事日程（controlling agendas）、塑造偏好（establishing preferences）（见表1-1）。⑥ 无独有偶，费利克斯·巴朗斯科特（Felix Berenskoetter）也给出了

① Nye J S Jr.The Future of Power[M].New York：Public Affairs，2011：8.

② Carlsnaes W，Risse T，Simmons B A，eds.Handbook of International Relations[M].London：Sage，2002：178.

③ Bachrach P，Baratz M S.Two faces of power[J].American Political Science Review，1962，56（2）：947-952.

④ Lukes S.Power：A Radical View[M].2th ed. London：Palgrave Macmillian，2005.引自 Nye J S Jr.The Future of Power[M].New York：Public Affairs，2011：13.

⑤ Foucault M.Power/ Knowledge：Selected Interviews and Other Writings，1972-1977[M].New York：Pantheon Books，1980：187. 引 自 Digeser P.The fourth face of power[J].The Journal of Politics，1992，54（4）：977-1007.

⑥ Nye J S Jr.The Future of Power[M].New York：Public Affairs，2011：11.

关系性权力的三个维度：赢得战争（winning conflicts）、限定选择（limiting alternatives）、塑造标准（shaping normality）。①

表1-1 关系性权力的三个方面

| 关系性权力 | 解释 |
|---|---|
| 第一面 | A 通过威胁或奖励使 B 发生违背其最初的偏好或战略的行为改变。B 对此了解并能感觉到 A 的权力。（公开的，public） |
| 第二面 | A 通过限制 B 的战略选择控制行动议程。B 对此或许了解或许不了解，或许能感觉到 A 的权力，或许感觉不到。（隐秘的，hidden） |
| 第三面 | A 帮助建立和塑造 B 的基本信念、认知和偏好。B 对此未必了解，或者也未必意识到 A 的权力。（无形的，invisible） |

资料来源：Nye J S Jr. The Future of Power[M]. New York：Public Affairs，2011：14.

当然，也有学者把资源和关系两个维度结合起来审视权力。在有些学者看来，"权力是一种相对性的实力，它通过提供或撤回资源，或者实施惩罚的方式改变其他行为体"②。这种定义就是把权力看作一种运用资源的能力。所以，把资源和关系两个视角整合起来看待权力或许更加全面，即"既把权力视为国家实力和禀赋的集合，又把权力作为发挥影响力的一个过程"③。

在基欧汉和奈看来，权力既可以是一种实力——权力主体迫使其客体做他原本不会去做的事情的能力，也可以是一种对结果的控制力。④奈另辟蹊径，从硬权力和软权力的角度来区分权力。他最早在《美国注定领导世界？——美国权力性质的变迁》（*Bound to Lead: The Changing Nature of American Power*）一书中提出硬权力和软权力的分类。他认为，命令性

---

① Berenskoetter F，Williams M J，eds.Power in World Politics[M].London：Routledge，2007：3-12.

② Keltner D，Gruenfeld D H，Anderson C.Power，approach，and inhibition[J].Psychological Review，2003，110（2）：265-284.

③ Russett B，Starr H，Kinsella D，et al.World Politics：The Menu for Choice[M].Beijing：Peking University Press，2003：98.

④ 基欧汉，奈.权力与相互依赖[M].门洪华，译.北京：北京大学出版社，2002：12.

权力（command power）是基于诱导（inducements）或威胁（threats），与军事和经济力量这些有形资源相关联；同化性权力（co-optive power）则是基于吸引（attraction）或者通过设置政治议程塑造他者的偏好（shape preferences），与文化、意识形态和制度相关联。① 也就是说，奈认为有形的硬的资源产生硬权力，无形的软的资源产生软权力。当然，奈这种由权力资源推断权力行为的做法是武断的，因为有形的硬的资源也可以用作软权力，如经济援助，无形的软的资源也可以产生硬权力，如颜色革命。所以，他在之后的《软力量：世界政坛成功之道》（*Soft Power: The Means to Success in World Politics*）一书中又明确指出，这种对应关系并非绝对的。②

虽然上述观点有不合理之处，但是奈的贡献在于，他首先搭建了"资源"和"行为"（也即本书所指的"运用"）之间的桥梁，而不是像先前认识权力的两种维度一样泾渭分明。以此为基点，我们试图解开资源与行为之间的错综关系：是特定的资源产生特定的行为，还是一种资源可以有多种运用方式，由此产生多种行为？奈对自己的观点也在不断地更新和修正，他在《权力的未来》（*The Future of Power*）一书中指出，"像'军事权力'和'经济权力'这些概念都是资源和行为的混合体"③。谈到军事权力和经济权力时，他指出，军事资源和经济资源既能够产生硬权力，也能够产生软权力。④

2. 国内研究综述

国内学者专门研究权力这一议题的比较少，所以李少军说，"探讨

---

① Nye J S Jr.Bound to Lead: The Changing Nature of American Power[M].New York: Basic Books, Inc., Publishers, 1990: 31-32.

② Nye J S Jr.Soft Power: The Means to Success in World Politics [M].New York: Public Affairs, 2004: 7.

③ Nye J S Jr.The Future of Power[M].New York: Public Affairs, 2011: 9.

④ Nye J S Jr.The Future of Power[M].New York: Public Affairs, 2011: 48-52.

'软权力'的文章不少，但直接辨析'权力'概念的却几乎没有"①。国内学者对权力的研究大多采用西方学者的概念，沿用西方的研究路径。国内国际关系的教材，如倪世雄等的《当代西方国际关系理论》、李少军的《国际政治学概论》、陈岳的《国际政治学概论》、王逸舟的《国际政治概论》等，都涉及对权力的研究。除此之外，国内其他关于权力的研究大致分为两类：一类探寻权力的概念，如周丕启、张晓明的《国际关系中的国家权力》、封永平的《国际政治权力的变迁》都梳理了西方国际关系理论中的权力概念，并将这些概念归结为，权力是一种工具、目标、关系、资源等②；另一类研究试图把权力从内容上进行分类，如李少军的《国际政治中的权力是什么？》一文从政治与非政治、硬权力与软权力、手段与目的、客观与主观四个方面来区分权力③，丁韶彬在《国际政治中弱者的权力》一文中把国际政治中的权力分为四类：硬权力与软权力，结构性权力与联系性权力，强制性权力、制度性权力、结构性权力和生产性权力，结构性权力和行为权力。④

　　正如李少军所说，国内学者对软权力的研究要远远多于对权力的研究。我们在对权力的研究做文献综述时，也绕不开软权力这个概念。国内最早开始关注软权力的学者可以追溯到王沪宁。1993年，他发表题为《作为国家实力的文化：软权力》的论文，介绍了奈的软权力思想，并把文化作为权力的"软体"部分进行认识。⑤1997年，庞中英发表《国际关系中的软力量及其它：评美国学者约瑟夫·奈的〈注定领导〉》，文章评价了奈的《美国注定领导世界？——美国权力性质的变迁》中提出的软权力

① 李少军.国际政治中的权力是什么?[J].欧洲研究,2011（2）：1–14.
② 周丕启,张晓明.国际关系中的国家权力[J].国际论坛,2004（1）：47–52；封永平.国际政治权力的变迁[J].社会主义研究,2011（6）：103–107.
③ 李少军.国际政治中的权力是什么?[J].欧洲研究,2011（2）：1–14.
④ 丁韶彬.国际政治中弱者的权力[J].外交评论,2007（3）：87–96.
⑤ 王沪宁.作为国家实力的文化：软权力[J].复旦学报：社会科学版,1993（3）：91–96.

思想，并建议中国建设适应时代的软力量。① 进入 21 世纪，国际关系研究领域对软权力的研究呈井喷式发展。这些研究主要涉及软权力的翻译、内涵、来源、特征，以及对软权力的批判等。② 从属性上看，软权力包含于权力之中，软权力研究对本书的权力分类提供了帮助，也为本书提出吸引性经济权力概念提供了启发。

上述研究梳理和总结了权力的概念，并对权力进行分类归纳，但是这些仍然不够，因为它们仍然没有触碰权力的内核，即权力到底是什么。总结上述国内外研究的现状，有两个问题需要解决：第一，如何把这些纷繁复杂的概念清晰地整合在一个系统内；第二，如何更全面地认识权力。这里的"全面"是指，权力的资源和运用方式之间如何搭配组合，军事、经济等硬资源能否产生软权力（对此，奈已经给出了肯定的回答），文化、价值观等软资源能否产生硬权力。笔者和陈志敏教授合写的论文《权力的资源与运用：兼论中国外交的权力战略》对上述问题进行了研究。该文从资源和运用两个维度认识权力，并将其置于坐标系中，横轴表示资源，纵轴表示运用，分别对应组合，最终产生了四种权力形式，即软性软权力、软性硬权力、硬性硬权力、硬性软权力。也就是说，一方面，资源的性质有软硬之分；另一方面，权力的运用方式也有软硬之分。硬资源既可以产生硬权力又可以产生软权力，软资源亦是如此。③

---

① 庞中英. 国际关系中的软力量及其它：评美国学者约瑟夫·奈的《注定领导》[J]. 战略与管理，1997（2）：49-51.

② 软权力的文献综述，参见刘庆，王利涛. 近年国内软力量理论研究综述 [J]. 国际论坛，2007（3）：38-43；郭洁敏. 当前我国软力量研究中若干难点问题及其思考 [J]. 社会科学，2009（2）：12-19.

③ 陈志敏，常璐璐. 权力的资源与运用：兼论中国外交的权力战略 [J]. 世界经济与政治，2012（7）：4-23.

## 二、关于经济权力的研究

### 1. 经济权力的概念

（1）经济外交的概念

中国国际关系学界对经济外交的研究非常丰富。从 1993 年谢益显最早提出"经济外交"这一概念以来，不断有学者进一步研究经济外交并给出自己的概念界定。[①] 总的来看，这些概念界定可以分为两种：一种是从"经济"作为外交的手段或目的出发，另一种是从经济外交的内涵出发。第一种以周永生为代表。他认为，经济外交包含两个重要内涵：其一，经济外交是以经济利益为目的外交；其二，经济外交是以经济力量为手段的外交。这两种形式都属于经济外交，并且由此制定的外交政策和进行的对外交往行为都是经济外交实践。[②] 第二种以张学斌为代表。他认为，"经济外交是主权国家元首、政府首脑、政府有关部门的官员以及专门的外交机构，围绕国际经济问题开展的访问、谈判、签订条约、参加国际会议和国际经济组织等多边和双边的活动"[③]。另有一种对经济外交的界定指出，经济外交是一种特定的历史现象。该观点较为特殊，认为经济外交是"某些国家在特定的历史时期（一般是在国内经济发展面临困境的情况下），在国家基本安全利益得到保证的情况下，为了更好地解决经济发展问题，以追求经济利益为取向的一种外交形式"[④]。

西方学者从 20 世纪 80 年代以后，也开始研究经济外交，但是他们

---

① 相关研究参见周永生. 经济外交 [M]. 北京：中国青年出版社，2004：10–13.
② 周永生. 经济外交 [M]. 北京：中国青年出版社，2004：22.
③ 张学斌. 经济外交 [M]. 北京：北京大学出版社，2003：6.
④ 王树春，陈茜茜. "经济外交"的内涵及其特点 [J]. 国际资料信息，2007（2）：8–10.

侧重于经济外交的具体运用，而没有给出明确的概念界定。[①]21世纪以来的外交学研究给出了一些可供参考的概念。例如，有学者认为，经济外交就是"国际经济决策的过程"[②]；另有学者认为，经济外交是"通过外交手段寻求经济利益"[③]。而杰夫·贝里奇（G. R. Berridge）和艾伦·詹姆斯（Alan James）在《外交辞典》（*A Dictionary of Diplomacy*）中对经济外交的界定恰好为上述两种观点的综合。他们认为，经济外交既是"处理经济政策问题的外交"，又是"使用经济资源进行的外交"。[④]

（2）经济治国术的概念

"经济治国术"是"治国术"的一部分。因此，要理解经济治国术应首先理解治国术的内涵。鲍德温认为，传统观念中的治国术是指"管理国家事务的艺术"[⑤]。莫顿·卡普兰（Morton A. Kaplan）的定义更为具体，认为治国术"包括在国际舞台为获取国家利益而进行的战略设计，以及由外交官将这些战略付诸实施"[⑥]。鲍德温根据拉斯韦尔对外交政策工具的四种分类[⑦]，以及对治国术的理解，给出了自己对经济治国术的定义。他认为，经济治国术是指依赖市场等经济资源来发挥影响的尝试[⑧]，或者简单地说，

① 相关研究参见 Kaiser D E.Economic Diplomacy and the Origins of the Second World War[M].New Jersey：Princeton University Press，1980；Daoudi M S, Dajani M S.Economic Diplomacy：Embargo Leverage and World Politics[M].Colorado：Westview Press，1985；Bergeijk P A G V. Economic Diplomacy，Trade and Commercial Policy：Positive and Negative Sanction in a New World Order[M].Cheltenham：Edward Elgar Publishing Limited，1994；Kunz D B.Butter and Guns：America's Cold War Economic Diplomacy[M].New York：The Free Press，1997.

② Bayne N，Woolcock S，eds.The New Economic Diplomacy：Decision-making and Negotiation in International Economic Relations[M].3th ed.Hampshire：Ashgate Publishing Limited，2011：1.

③ Muller M.South Africa's economic diplomacy：Constructing a better world for all?[J].Diplomacy & Statecraft，2002，13（1）：1-30.

④ 贝里奇，詹姆斯.外交辞典 [M].高飞，译.北京：北京大学出版社，2008.

⑤ Baldwin D A.Economic Statecraft[M]. Princeton：Princeton University Press，1985：8.

⑥ Kaplan，M A.An introduction to the strategy of statecraft[J].World Politics，1952，4（4）：548-576.

⑦ Lasswell H D. World Politics Faces Economics[M].New York：McGraw-Hill，1945：9. 引自 Baldwin D A.Economic Statecraft[M].Princeton：Princeton University Press，1985：13.

⑧ Baldwin D A.Economic Statecraft[M].Princeton：Princeton University Press，1985：13-14.

是"一国政府运用经济手段影响他国的行为"①。

（3）经济权力的概念

经济权力的概念虽然比较模糊，但是不少学者还是给出了自己的理解。查尔斯·P.金德尔伯格（Charles P. Kindleberger）认为，经济权力是"用以实现支配或控制的经济力量"②，理查德·N.库珀（Richard N. Cooper）把经济权力视为"惩罚（或奖励）他方的决定性力量"③。这两种观点主要是从联系性权力的角度看待经济权力，也有学者从权力的运用方式角度来界定经济权力。如克劳斯·诺尔（Klaus Knorr）认为，经济权力是"一国使用经济或金融政策手段，通过打击或威胁使用打击、给予好处或承诺给予好处的方法从经济上削弱或增强他国，以此来使自身获益的能力"④。

奈在《权力的未来》一书中虽然没有明确给出经济权力的概念界定，但是他从经济权力的影响力切入，指出"经济权力行为的一个重要的基础性层面是，让他人对你的依赖超过你对他人的依赖"⑤。也有学者从经济学的角度看待经济权力，认为经济权力最根本的方面是掌控价格的权力（power over price）。⑥

从以上的概念梳理可以看出，经济外交侧重于以经济为手段或目的

---

① Blanchard J-M F，Mansfield E D，Ripsman N M，eds.Power and the Purse：Economic Statecraft，Interdependence and National Security[M].London：Frank Cass，2000：3.

② Kindleberger C P.Power and Money：The Politics of International Economics and Economics of International Politics[M].New York：Basic Books，1970：56. 引自 Nye J S Jr.The Future of Power[M].New York：Public Affairs，2011：53.

③ Cooper R N.Can China be effectively published through global economic isolation? [M]// Rosecrance R N，Stein A A，eds. No More States? Globalization，National Self-determination，and Terrorism.Maryland：Rowman and Littlefield Publishers，2006：77.

④ Knorr K.The Power of Nations：The Political Economy of International Relations[M].New York：Basic Books，1975：79.

⑤ Nye J S Jr.The Future of Power[M].New York：Public Affairs，2011：54.

⑥ Baldwin W L.Market Power，Competition，and Antitrust Policy[M].Homewood：Irwin，1987：53.

的外交政策的制定和实施，经济治国术提供了可供实施的具体经济手段。那么，经济权力则研究如何将经济资源整合成一种权力发挥影响，以及在何种向度对经济权力加以运用。根据《权力的资源与运用：兼论中国外交的权力战略》一文对权力的分类[①]，本书将从运用的角度来理解经济权力，认为经济权力是指国家或者国家联合体通过对经济资源的运用来影响其他外部行为体的行为或政策的能力。

### 2. 经济权力的内涵

在对经济权力这一概念进行梳理之后，本书试图从内涵方面把经济权力拆分为几个有机组成的部分来逐一研究。从总体来理解经济权力内涵的学者有乔纳森·柯什纳（Jonathan Kirshner），他认为经济权力有四个组成部分，即援助（aid）、贸易（trade）、金融（finance）、货币（money），这是权力的四种经济工具。[②] 另有学者研究了经济权力中的某一部分。戴维·J. 莫里斯（David J. Morris, Jr.）把市场权力（market power）定义为"使用组织的能力去阻止现有的或潜在的竞争者进入目标市场"[③]。戴维·M. 安德鲁斯（David M. Andrews）研究了经济权力中的货币权力（monetary power），认为"货币权力存在于任何这样一种情况下，即一国行为的改变是由它与他国之间的货币关系所导致的"[④]。安德鲁斯货币权力的概念是在与货币治国术（monetary statecraft）的概念对比中给出的。他认为货币权力是一种关系，而货币治国术是对这种关系的深思熟虑的操纵。[⑤] 艾伯

---

① 陈志敏，常璐璐.权力的资源与运用：兼论中国外交的权力战略[J].世界经济与政治，2012（7）：4-23.

② Kirshner J.Currency and Coercion：The Political Economy of International Monetary Power[M].New Jersey：Princeton University Press，1995：30-31.

③ Morris D J Jr.Market Power and Business Strategy：In Search of the Unified Organization[M].London：Quorum Books，1996：49.

④ Andrews D M.Monetary power and monetary statecraft[M]// Andrews D M，ed.International Monetary Power. London：Cornell University Press，2006：16.

⑤ Andrews D M.Monetary power and monetary statecraft[M]// Andrews D M，ed.International Monetary Power. London：Cornell University Press，2006：16.

特·O. 赫希曼（Albert O. Hirschman）研究了对外贸易（foreign trade）与国家权力（national power）之间的关系。他认为对外贸易是国家权力的一个工具，"在权力的经济决定因素中，对外贸易扮演了重要角色"[①]。

### 3. 经济权力的来源

诺尔认为，国家的经济权力有四个基础，即经济力量（economic strength）、将这种力量用作权力目的的意愿（will）、运用这种力量发挥权力作用的技巧（skill）、一国使用经济力量运用权力的国际声誉（international reputation）。[②]简单来说，诺尔认为经济权力的四个来源是经济力量、意愿、技巧、国际声誉。除此之外，他还给出了经济权力的非经济基础，也有四个，包括国家的侵略性格、国家内部的团结程度、社会各界对政府对外政策的支持、专门利益集团的支持。[③]综合来看，诺尔提出的经济权力来源中，既包括经济力量，以及对这种力量的使用意愿、使用技巧，也包括一国的国内政治因素和国际声誉因素。

与诺尔对经济权力来源的全面分类相比，奈仅从经济力量这一视角给出了自己的观点。奈认为，"经济资源是硬权力和软权力的基础"，经济资源包括"国内生产总值的规模和质量、人均收入、技术水平、自然和人力资源、调控市场的政治和法律制度，以及诸如贸易、金融和竞争领域的种种有形资源"[④]。奈虽然没有对经济资源进行正式、系统的分类，但是他关于经济权力来源的论述已经涉及自然资源、人力资源、技术水平、政治制度等多个方面。

---

① Hirschman A O.National Power and the Structure of Foreign Trade[M].London：University of California Press，1945：13.

② Knorr K.The Power of Nations：The Political Economy of International Relations[M].New York：Basic Books，1975：83–84.

③ Knorr K.The Power of Nations：The Political Economy of International Relations[M].New York：Basic Books，1975：93.

④ Nye J S Jr.The Future of Power[M].New York：Public Affairs，2011：52.

### 三、关于吸引性经济权力的研究

#### 1. 吸引性经济权力的概念

在给出吸引性经济权力的概念之前，本书首先梳理以往研究中相似的分类和概念。例如，鲍德温把经济治国术的形式分为消极制裁（negative sanctions）和积极利诱（positive sanctions）两大类，并列出了奖惩的具体手段（见表 1-2、表 1-3）。[1] 奈把制裁（sanction）定义为"旨在强化决策力量或赋予政策权威性的鼓励或惩罚措施"，他也认为制裁能够被分为消极的和积极的两类。[2] 琼 – 马克·F. 布兰查德（Jean-Marc F. Blanchard）等人把经济治国术的手段分为经济制裁（economic sanctions）和经济诱导（economic inducements），认为经济制裁是指"发起国干预目标国的经济，以强迫目标国服从自己的意愿的行为"，经济诱导是"发起国为了获得目标国的服从或者改变目标国的行为而给予它的好处"。[3] 与之相似的是，约瑟夫·M. 格里科（Joseph M. Grieco）和 G. 约翰·伊肯伯里（G. John Ikenberry）把外交中的经济手段分为经济制裁和经济激励（economic incentive），认为经济制裁是指"实施国为达到迫使目标国满足某种政治需要之目的而威胁中断或实际中断与目标国经济联系的行为"，经济激励是指"实施国承诺或实际给予目标国经济利益以换取其服从实施国政治要求的行动"。[4]

① Baldwin D A.Economic Statecraft[M].Princeton：Princeton University Press，1985：40–42.

② Nye J S Jr.The Future of Power[M].New York：Public Affairs，2011：71.

③ Blanchard J–M F，Mansfield E D，Ripsman N M，eds.Power and the Purse：Economic Statecraft，Interdependence and National Security[M].London：Frank Cass，2000：3.

④ 格里科，伊肯伯里 . 国家权力与世界市场 [M]. 王展鹏，译 . 北京：北京大学出版社，2008：145.

表 1-2 经济治国术的例子：消极制裁

| 贸易手段 | 资本手段 |
| --- | --- |
| 禁运 | 冻结资产 |
| 抵制 | 进出口控制 |
| 增加关税 | 中止援助 |
| 有区别的关税（不利的） | 没收财产 |
| 撤销"最惠国待遇" | 关税（不利的） |
| 加入黑名单 | 阻止加入国际组织 |
| 配额限制（进口或出口） | |
| 取消许可（进口或出口） | |
| 倾销 | |
| 预防性收购 | |
| 威胁使用以上手段 | 威胁使用以上手段 |

资料来源：Baldwin D A. Economic Statecraft[M]. Princeton：Princeton University Press，1985：41.

表 1-3 经济治国术的例子：积极利诱

| 贸易手段 | 资本手段 |
| --- | --- |
| 有区别的关税（有利的） | 提供援助 |
| 给予"最惠国待遇" | 投资保证 |
| 削减关税 | 鼓励进出口中的私人资本 |
| 直接交易 | 关税（有利的） |
| 进出口补贴 | |
| 给予许可（进口或出口） | |
| 承诺使用以上手段 | 承诺使用以上手段 |

资料来源：Baldwin D A. Economic Statecraft[M]. Princeton：Princeton University Press，1985：42.

总体来看，虽然不同学者对两种经济手段的定义有差异，但共同之处在于都从吸引和强制两个方面来研究经济权力的使用，并且把给予经济利益的手段视为吸引，把撤回经济利益的手段视为制裁。这种两分法的优点是简洁，缺点是过于笼统，忽略了经济权力在运用过程中的复杂性。比如，如果是撤回实际给予的存量利益，这算作制裁不存在争议；如果撤回的是允诺但实际并未给予的增量利益，这种撤回、暂停或者延缓允诺的利益并未给对象国造成实际的损失，而只是让对象国暂时失去一部分预期的增量利益，这可以促使对象国为了获得这些预期增量利益而考虑是否改变自己的行为，因而可以更恰当地被视为一种施压（即施压型经济激励，下文将详细阐述），而不是严格意义上的制裁。

　　本书对经济权力运用方式的分类包含三个维度，皆是围绕利益展开。第一个维度仍然是传统的区分方法，即本国如何使用经济利益——给予还是撤回；第二个维度是本国给予或者撤回的经济利益的性质——允诺的利益还是实际的利益；第三个维度是对象国拥有和获得的经济利益的性质——固有利益、存量获益还是增量获益。根据这种区分方法，凡是给予经济利益的手段，不管是给予允诺的利益还是实际的利益，均属于经济激励；而撤回允诺利益的手段属于施压型经济激励，撤回实际利益的手段属于经济制裁（见表1–4）。也就是说，相对于以往的研究把给予经济利益视为吸引，把撤回经济利益视为制裁，本书分类方式的特殊之处在于，从原有的制裁中分离出了一种特殊的经济吸引手段——施压型经济激励。这里需要界定的是，固有利益指对象国本身已拥有的非本国给予的利益，存量获益指对象国已获得的由本国给予的利益，增量获益指本国允诺或实际给予对象国的额外利益。

表1–4　经济权力的运用方式

| 利益性质 | 使用手段 | | |
|---|---|---|---|
| | 给予 | 撤回 | |
| | 允诺的和实际的利益 | 允诺的利益 | 实际的利益 |
| 对象国固有利益 | | | 经济制裁 |
| 对象国存量获益 | 结构型经济激励 | | 经济制裁 |
| 对象国增量获益 | 扩散型经济激励<br>指向型经济激励 | 施压型经济激励 | 经济制裁 |

根据以上分类，本书认为外交中的吸引性经济权力是指国家或者国家联合体使用激励的方式，通过利用在存量利益格局中其他国际行为体对本国的经济依赖，以及通过允诺或实际给予其增量经济利益或者撤回这些利益允诺来发挥影响力的一种权力形式。其目的或是影响与其他国际行为体的一般关系，或是影响其他国际行为体的特定政策与行为，从而实现权力主体的外交政策目标。在这里，激励的含义等同于吸引（attract），指行为主体运用经济权力的方式是"拉"（pull）而不是"推"（push）。当然，激励也包括正向激励和反向激励两种作用方式，如结构型经济激励、扩散型经济激励和指向型经济激励就属于正向激励，而施压型经济激励属于反向激励。尽管每种激励方式的作用路径不尽相同，但其方向和目的是一致的，都是朝着"吸"和"拉"的方向努力，而不是相反。

### 2. 吸引性经济权力的作用

经济权力的吸引性运用（积极的经济利诱）和强制性运用（消极的经济制裁）都是塑造国家行为的手段，但是学术研究中明显偏向强制性手段，而对吸引性手段的积极作用研究较少。例如，R.哈里森·瓦格纳（R. Harrison Wagner）认为，激励不如制裁有用，因为与同样数量的额外得到的好处相比（通过激励），接受国必然更加看重它被拿走的好处（通过制裁）。[①] 然而经济激励也不尽如此，支持者也很多。例如，格里科和伊肯伯里就认为经济激励有助于增进实施国的利益[②]；威廉·朗（William Long）也认为，激励是一个双赢（win-win）的工具，而制裁是一个两败俱伤（lose-

---

① Wagner R H.Economic interdependence, bargaining power, and political influence[J].International Organization, 1988, 42（3）: 461-483. 引自 Long W J.Trade and the technology incentives and bilateral cooperation[J].International Studies Quarterly, 1996, 40（1）: 77-106.

② 格里科，伊肯伯里.国家权力与世界市场[M].王展鹏，译.北京：北京大学出版社，2008：178.

lose）的工具。①

  对经济权力吸引性运用研究最为详细的，当数鲍德温的《积极利诱的力量》（"The power of positive sanction"）一文。他在文中首先厘清了积极利诱和消极制裁的概念。他最初对积极利诱的界定是，A 对 B 实际的或允诺的奖励；反之，消极制裁是指实际的或允诺的惩罚。之后，他认为只关注 A 发出的行为还不够，还要关注行为接受者 B 对相应处境的感知和反应。所以，他修正了积极利诱和消极制裁的概念，认为积极利诱是指相对于 B 的期待底线（baseline of expectations），A 实际或允诺给予 B 更多的利益；而消极制裁是相对于同样的期待底线，A 实际或威胁剥夺 B 的利益。②关于积极的经济利诱的作用，鲍德温主要从以下两方面来说明。一是行为接受者的即时反应（immediate response）。他认为，威胁使对方产生恐惧、焦虑和反抗；允诺使对方产生希望、再保证和吸引。消极的制裁向对方传递的是一种冷漠甚至是敌意的感觉；积极的利诱传递的是一种对对方的需要表示同情和关心的感觉。二是行为的后效应（after-effect）和副作用（side-effect）。从溢出效应（spill-over effect）来看，积极的利诱增加了 B 在其他问题上与 A 合作的意愿，消极的制裁会阻碍这种合作。从伤疤效应（scar effect）来看，A 今天在积极利诱和消极制裁之间的选择不仅会影响到 B 今天的反应，还会影响到明天。③由上可以看出，经济权力的吸引性作用值得在理论上深入研究以及在实践中进一步运用。

---

  ① Long W J.Trade and the technology incentives and bilateral cooperation[J].International Studies Quarterly，1996，40（1）：77-106.

  ② Baldwin D A.The power of positive sanctions[J].World Politics，1971，24（1）：19-38.

  ③ Baldwin D A.The power of positive sanctions[J].World Politics，1971，24（1）：19-38.

## 第三节 研究方法、研究意义与创新点

### 一、研究方法

本书采用归纳法，旨在从中国外交的实践中总结抽象出具有普遍性的权力运用规律。具体来看，本书使用的研究方法有文献分析法、比较分析法和案例研究法三种。

#### 1. 文献分析法

本书对核心概念的界定采用文献分析法，即尽可能全面地梳理已有的文献，掌握这一领域既往的研究成果。通过对已有概念和观点的批判继承，提出自己的概念界定。例如，本书梳理了权力概念的"资源"和"运用"两个维度，并主要从运用维度来界定权力。另外，本书批判了既往研究对经济激励与经济制裁的分类，创新性地提出了"施压型经济激励"这一概念。

#### 2. 比较分析法

本书在核心概念的提出和理论解释框架的构建方面采用了比较分析法。如经济权力的概念就是在与经济外交、经济治国术的比较中得出的；吸引性经济权力的概念是在与积极利诱、经济诱导、经济激励等概念的比较中得出的。关于吸引性经济权力的运用方式，本书则从使用手段、作用对象、作用目的、作用方式等方面区分了结构型经济激励、扩散型经济激励、指向型经济激励和施压型经济激励四种方式。

#### 3. 案例研究法

本书在提出吸引性经济权力的理论框架之后运用案例对其进行检验，

同时希望通过案例对理论作出更直观和生动的阐释。吸引性经济权力的每种运用方式都有相应的案例，如第三章以波音公司为中国永久正常贸易地位游说为例来说明结构型经济激励的作用，第四章以中国对非洲援助为例来说明扩散型经济激励的作用，第五章以好莱坞竞逐中国电影市场为例来说明指向型经济激励的作用，第六章以中欧航空碳税争端为例来说明施压型经济激励的作用。

## 二、研究意义

本书提出了吸引性经济权力这一新概念，并对此进行了相对系统的研究。本书的研究具有一定的创新性。诸如相互依赖理论、国际政治经济学、经济外交理论，都是本书理论思考的来源，但是本书的研究又与其他研究不同，笔者希望通过运用这些理论知识构建自己的解释框架，而不是在某种解释框架之下去看待问题。具体来看，本书的理论意义和现实意义如下。

### 1. 理论意义

第一，本书提出了吸引性经济权力这一新的概念。概念一般是环环相扣、层层包含的，那么吸引性经济权力概念的提出也是依照"权力—经济权力—吸引性经济权力"这一逻辑层层推导出来的。本书首先梳理了权力这个国际关系中最基本的概念，把本书的权力研究限定在"运用"这个维度上；然后，在这个维度上，通过比较经济外交、经济治国术的概念，明确了经济权力的概念，即运用经济资源产生的影响力；最后，本书把概念聚焦到更为具体的吸引性经济权力上来，认为经济权力有吸引和强制两种手段，本书仅探讨吸引性手段的具体运用方式。

第二，本书总结了吸引性经济权力的四种运用方式。本书从"使用手段"和"利益性质"两方面来区分经济权力的运用方式，并将之界定为结构型经济激励、扩散型经济激励、指向型经济激励和施压型经济激励。这四种方式相辅相成，共同构成了吸引性经济权力的整体。另外，本书还把允诺的利益与实际的利益区分开来，从而明晰了施压型经济激励与经济制裁的区别。在这里，施压只是一种维护自身利益的手段，在对方行为政策改变之后仍然可以得到其原本可以得到的好处，所以也不失为一种激励。总体来看，把使用手段、利益性质、利益状态这三个因素结合起来看待经济权力，将使经济权力的理论更加丰满。

第三，本书把经济权力的运用从经验观察抽象上升到理论研究。吸引性经济权力并不缺乏实践，但缺乏理论研究。其实，中国外交中的经济权力运用已经早早地走到了经济权力的理论研究之前。正如前面的研究方法中提到的，本书运用的是归纳的方法，即从实践到理论。这种归纳是可行的，也是必不可少的。一方面，实践是纷繁复杂的，但是各个看似特殊的外交实践中也有着普遍性的规律；另一方面，如果我们只停留在现象本身，只停留在观察的层面，不能抽象出包含普遍规律的理论，就不能推动研究的发展和学术的进步。对于本书来说，吸引性经济权力的四种运用方式正是通过对中国外交的长期观察得出的。

2. 现实意义

第一，吸引性经济权力是大国外交的重要手段。在经济权力的运用中，吸引和强制这两种手段或许是众所周知的，但是人们并没有研究在实践中怎样将吸引操作化，也没有意识到吸引中除了正向激励还可以有反向激励。本书丰富和细化了经济权力的运用手段，它不仅把既往的外交实践清晰地归纳为四种手段，也有助于以后的决策者依据事件的性质找到合适的外交手段。吸引性经济权力的理论普遍适用于拥有经济权力，并且愿意使用吸引性手段来发挥经济影响力的国家。中国当前提出的"一带一路"倡议正在实践吸引性经济权力的外交运用，并且这个实践也将丰富吸引性经济权力的理论。

第二，吸引性经济权力的理论既来源于中国的外交实践又服务于中国的外交实践。随着经济实力的强大，中国必然要思考如何将巨大的经济实力转化为可兹利用的经济权力，这是本书最大的现实关切。如何运用经济权力涉及两个问题：权力是用作吸引还是用作强制？具体怎么操作吸引与强制？根据中国外交的传统及中国倡导的和平与合作的外交原则，吸引性经济权力是中国的不二选择。在具体操作的过程中，本书提供了结构型经济激励、扩散型经济激励、指向型经济激励和施压型经济激励四种方式，这些方式相互作用并共同构成吸引性经济权力。这四种方式既涉及在宏观上与他国发展友好关系，也涉及在具体领域改变他国的政策行为；既涉及利用相互依赖的经济结构这种静态的手段，也涉及通过增加利益发挥动态的影响；既涉及给予好处的经济诱导，也涉及撤回利益的经济施压。所以说，本书提供的这些外交手段都是具体的、现实的和可操作的。

第三，本书为反向激励作为一种和平的外交手段提供了理论支撑。在本书中，最有可能引发争议的内容就是施压型经济激励，因为这个概念本身似乎就是一个悖论：既然是"施压"，怎么能成为"激励"呢？中国如果使用施压型经济激励手段，是否违背了中国和平外交的传统呢？本书认为，施压只是手段而不是目的，施压不仅没有减损他方实际拥有的利益，并且行为主体还出于吸引的目的希望对方政策改变之后继续给予其利益。所以对于中国来说，理论上对于施压型经济激励的合理论证为我们使用这种外交手段提供了现实的可能性。

## 三、创新点

本书的主要创新点可以概括为总结了新概念、批评了旧分类、引入了新理论三个方面。

第一，本书从中国外交运用经济力量的现象中总结出了"吸引性"这一带有普遍性的规律，并将其定义为"吸引性经济权力"。正如本书一开始就指出的，在经济权力的研究中，经济制裁的研究很丰富，而经济吸引的研究很缺乏。本书对外交中的经济吸引行为进行归纳，区分出了四种不同的运用方式，并对每一种运用方式的概念进行解释，对它们的作用机理进行发掘，用案例进行论证。本书中吸引性经济权力、结构型经济激励、扩散型经济激励、指向型经济激励、施压型经济激励都是全新的概念，厘清这些概念并阐明它们的作用机理是本书的创新点之一。

第二，本书重新划分了经济吸引与经济制裁的边界并梳理了两者之间的关系。本书从经济制裁的概念中分离出了"施压型经济激励"的概念，施压型经济激励与结构型经济激励、扩散型经济激励、指向型经济激励共同组成了吸引性经济权力。继而，本书又总结了经济吸引与经济制裁的区别与联系。从理论上看，经济吸引与经济制裁是相伴相生的一对概念，是一个事物的两面。从外交实践看，经济吸引与经济制裁是不可偏废、不可或缺的两种外交手段。中国的新型大国外交倡导吸引性手段的使用，但也重视制裁手段的作用。对两种手段的辨析和辩证是本书的创新点之二。

第三，本书引入了社会学、管理学等跨学科的理论解释国际关系和外交现象。本书主要基于中国的经济权力运用实践来总结规律，而中国的外交方式与以往的大国外交方式相比有所不同，所以由此总结出来的经济权力运用规律也有新特点。对于新的规律来说，原有的理论不能完全解释或者解释力度不够，所以，本书借鉴其他学科的理论来解释吸引性经济权力的运用。例如，用社会学中的社会交换理论来解释扩散型经济激励，用组织理论中的资源依赖理论来解释指向型经济激励，用管理学中的反向激励理论来解释施压型经济激励。引入其他学科的理论，并将其与国际关系理论相融，是本书的创新点之三。

## 四、本书框架

本书由三部分构成，分别是提出问题、分析问题和解决问题（见图 1-1）。第一部分"提出问题"包括第一章和第二章，提出了本书试图回答的问题，即什么是吸引性经济权力、如何运用吸引性经济权力；第二部分"分析问题"包括第三章、第四章、第五章和第六章，分别探讨吸引性经济权力的四种运用方式，即结构型经济激励、扩散型经济激励、指向型经济激励和施压型经济激励；第三部分"解决问题"包括第七章，即结论部分，总结吸引性经济权力的特点，讨论经济吸引与经济制裁的关系，以及中国的"一带一路"倡议如何发挥吸引性经济权力的作用。

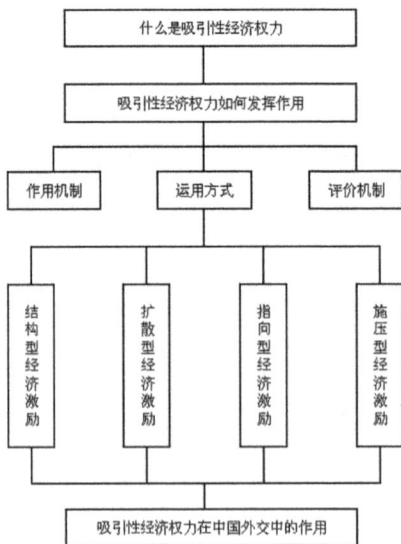

图 1-1　本书框架

# 第二章　吸引性经济权力的理论解释

作用机制、运用方式、评价机制共同构成了吸引性经济权力的整体。本章首先研究吸引性经济权力为什么能够发挥作用，即它的作用机制；其次，研究吸引性经济权力如何发挥作用，即它的运用方式；最后，研究吸引性经济权力的作用效果如何，即它的效果评价机制。

## 第一节　吸引性经济权力的作用机制

从经济权力的性质来看，它是一种黏性权力（sticky power），通过将他者吸引过来进而困在其中的方式发挥影响力，因此它是一种特殊的权力形式。按作用客体来分类，吸引性经济权力主要有国家—国家、国家—跨国公司/社会、国家—他国公司/社会—国家三种作用路径，这三种路径构成了吸引性经济权力的作用链条。以下将进行详细论述。

### 一、经济权力是一种黏性权力

前已述及，奈把权力分为硬权力和软权力，其中硬权力包括军事和经济，软权力包括文化、政治价值观和外交政策。[1] 沃尔特·拉塞尔·米德

---

① Nye J S Jr.Soft Power：The Means to Success in World Politics [M].New York：Public Affairs，2004：5–15.

（Walter Russell Mead）在奈的基础上进一步区分硬权力。他认为，军事权力通常被称为锋利权力（sharp power），任何与之相悖的人都会有如芒在背的压力以迫使他们朝着他们必须去的方向改变；而经济权力是一种黏性权力，它包含一系列经济制度和政策以吸引他者进入，进而将其困在其中。[①]米德的这种分类为厘清权力概念提供了一个新的视角，因为他认识到了军事权力和经济权力之间的重大区别。一方面，军事权力和经济权力存在的基础不同。军事权力的存在以实力对比为基础，具有明显的结构性现实主义逻辑[②]；而一国的经济权力与其军事权力、政治地位并不完全吻合，如军事、政治小国可以利用其资源优势发挥强大的经济影响力。另一方面，军事权力和经济权力的作用机制不同。因为"军事领域的复合相互依赖少于经济和生态问题上的复合相互依赖"[③]，所以经济权力的作用手段较之军事权力更加隐蔽，时效性更长。特别是在吸引性使用方面，两者的差异更加明显。如军事的吸引性运用方式有安全保证、军事同盟、情报共享、军工合作等，经济的吸引性运用方式有经济援助、经贸合作等。[④]从中可以看出，军事合作一般具有明显的期限，经济合作则更加长远。

因此，本书认为经济权力的特殊性在于它的性质，它是一种能将其他行为体吸引过来并进而发挥影响力的权力，故称黏性权力。这种权力一旦形成，则会发挥持久的作用。由于黏性不断增强，被吸引过来的行为体越来越难以脱离利益的连带关系，使其不合作的成本增大，再加上行为主体给予更多的利益激励，也使被吸引过来的行为体出于利益的惯性需求而不愿脱离这种控制。

---

① Mead W R.America's sticky power[J].Foreign Policy，2004（141）：46–53.
② 华尔兹.国际政治理论[M].信强，译.上海：上海人民出版社，2008：103–105.
③ 基欧汉，奈.权力与相互依赖[M].门洪华，译.北京：北京大学出版社，2002：238.
④ 陈志敏，常璐璐.权力的资源与运用：兼论中国外交的权力战略[J].世界经济与政治，2012（7）：4–23.

## 二、吸引性经济权力的作用路径

吸引性经济权力的作用路径指吸引性经济权力发挥作用的方式及权力的传导机制。在探讨吸引性经济权力为什么能够发挥作用以及怎么发挥作用的问题时，还有一个非常重要的问题需要解答，即吸引性经济权力能发挥什么样的作用。在前面的概念界定中，我们把吸引性经济权力的目的概括为"影响与其他国际行为体的一般关系，或影响其他行为体特定的政策和行为"。由于本书将吸引性经济权力作为一种外交手段来讨论，因此可以看出吸引性经济权力的本质在于运用经济手段达到政治目的。国际关系中的政治关系和经济关系交织互动，吸引性经济权力的运用正是体现了这一点。例如，经济利益既可以作为一种"纽带"获取政治支持，也可以作为"胡萝卜"诱导他者改变，还可以作为一种"砝码"以压促变。当前，中国外交倡导国家间由"利益共同体"向"命运共同体"迈进，而在这个过程中，跨国公司将发挥很大的作用。郑必坚认为，跨国公司作为国际投资合作的市场主体，是扩大和深化这种"利益汇合点"的重要平台，是构建"利益共同体"的重要载体。[①]

本书探讨的吸引性经济权力是一种国家间的权力关系，其前提仍然是把国家作为国际关系最主要的行为主体。按照上文的界定，吸引性经济权力的主体是国家或国家联合体，其客体则可以是其他国家或者在本国有经济活动的他国公司（特别是跨国公司）。所以，根据客体的不同，吸引性经济权力的作用路径可以分为三种：一是国家对国家的直接作用路径，二是国家对跨国公司 / 社会的直接作用路径，三是国家通过影响他国公司 / 社会进而影响他国政府的间接作用路径。

---

① 郑必坚. 全方位构建国际"利益汇合点"和"利益共同体"的几点思考 [J]. 毛泽东邓小平理论研究，2011（3）：1-4.

1. 路径一：国家—国家

国家是国际关系中最主要的行为体，所以国家间关系也是国际关系中最主要的关系。那么，吸引性经济权力的作用路径一即是国家对国家的关系（见图 2-1）。这种作用路径简单明了，相当于第一轨道外交，即政府层面的、官方的外交行为。具体到吸引性经济权力的运用，路径一主要由政府主导，其通过给予或暂缓给予其他国家增量经济利益的形式来发挥作用。

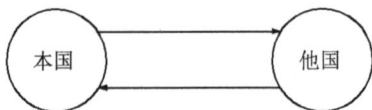

**图 2-1　吸引性经济权力作用路径一：国家—国家**

给予他国额外经济利益可以发展同他国的友好关系，例如对外援助。对外援助这种经济利益的给予，就必须由援助国和受援国两个国家的政府来操作，因为外援本身是一种国家行为。[①] 正如上文讲到的，吸引性经济权力的本质在于运用经济手段达到政治目的。那么，这种国家对国家的作用路径也很明显地包含这种目的。从国家层面来看，经济利益的给予展示了中国的大国形象，拉近了与他国的距离，发展了与他国的友好关系，宣传了中国的政策立场。因此，这是一种以经济利益置换政治利益的外交方式。另外，从对象国民众的层面看，虽然本书探讨的吸引性经济权力并没有直接作用于他国民众，但是通过发展国家间的友好关系，就会间接地在无形之中塑造中国的国家形象，增强中国的国际影响力。

吸引性经济权力的作用方式除了通过利益的给予发展国家间的友好关系，也可以是通过利益的搁置来表达对他国政策的不满。当两国在政治、外交方面发生冲突时，一国可以撤回或者延缓给予他国允诺的增量

---

① 周弘 . 中国援外 60 年 [M]. 北京：社会科学文献出版社，2013：81.

利益，例如，中止两国的经贸谈判，暂停给予他国经济优惠政策等。本国可以通过这样的手段，直接作用于他国政府，以使他国改变其政策行为。作为吸引性经济权力的作用路径之一，国家对国家的这种作用方式的特点就是直接明了，作用对象明确，作用效果明显。

2. 路径二：国家—跨国公司／社会

吸引性经济权力的作用路径二是国家直接作用于他国的跨国公司或社会。跨国公司是指以一国为基地，并进行全球性的生产经营活动的大型公司。在经济相互依赖条件下，跨国公司作为重要的非国家行为体，在国际关系中的作用更加不容忽视。跨国公司不仅影响东道国的经济，也会涉足甚至干预东道国的政治。[①]另外，跨国公司不仅影响东道国，也影响其母国。作用路径之二的对象除了他国的跨国公司以外，还有他国的社会或民众。因为吸引性经济权力的作用目的中包括直接作用于他国民众以提升本国形象等。

正是基于跨国公司在国际经济甚至国际政治中特殊而重要的作用，以下我们将专门讨论吸引性经济权力的第二种作用路径（见图2-2）。跨国公司出于对利益的追逐，对原材料和市场拥有本能的嗅觉。拥有丰富经济资源或者是大市场的国家不必给予太多的额外利益就能将跨国公司吸引过来，然后便可以对其施加影响力，这就是黏性权力发挥的"蜘蛛网"式的作用。一国对于在本国境内从事经济活动的跨国公司具有约束作用，这种约束不仅包括我们通常认为的遵守东道国法律，还包括其经济活动要符合东道国的政治要求。也许后一种要求是比较隐晦的，或者是不言自明的。换句话说就是，跨国公司在东道国的活动不能与东道国的国家利益相冲突，不能损坏东道国的国家形象，而要与东道国的内政外交政策相符合。当然，国家对跨国公司发挥的吸引性经济权力，除了这

---

① 李少军.国际政治学概论（第三版）[M].上海：上海人民出版社，2009：110.

种消极的制约之外，还有积极的引导。跨国公司为了在东道国得到更多的经济利益和政策支持，会不自觉地运用自身影响力做对东道国形象有利的事，引导舆论朝着更有利于东道国的方向发展。这就是经济力量转化为政治影响力，从而使得经济权力在外交中得以运用。但是，不管是消极的制约还是积极的引导，这种影响力的发挥依赖于一国丰富的资源、广阔的市场等具有吸引力的经济要素。

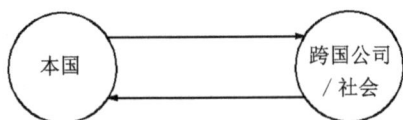

图 2-2　吸引性经济权力作用路径二：国家—跨国公司 / 社会

### 3. 路径三：国家—他国公司 / 社会—国家

在吸引性经济权力的运用中，除了直接作用于跨国公司以使其经济活动符合本国的政治要求之外，还可以通过他国公司影响他国的政策行为（见图 2-3）。这里的他国公司不仅包括在本国有分公司的跨国公司，也包括仅以本国为出口市场而不在本国有生产活动的他国公司。如前所述，跨国公司是东道国和母国之间一个非常重要的"中介"，因为跨国公司不仅能够影响母国的内政外交，而且能够影响其所辐射范围内的东道国的内政外交。[①]与跨国公司相比，他国公司虽然不在本国从事生产，但是它依赖本国市场得以生存，所以同样在本国经济权力辐射的范围之内。因此，通过影响他国公司进而影响他国的政策行为是可行的，并且在实践中，他国公司确实也常常在两国之间进行斡旋和调解。

吸引性经济权力的作用路径三是以压力为导向的，通过压力的逐层传输达到使对方作出有利于我方的行为。其中的压力分为两种：一种是

---

① 滕培圣，李爱华. 国际政治关系中的"第二轨道"析论 [J]. 山东师范大学学报：人文社会科学版，2005（2）：104-107.

无形的压力，即两国之间的经济依赖态势所决定的结构性压力；另一种
是有形的压力，即对象国的行为政策与本国的国家利益相冲突时，本国
给予对象国的现实性压力。结构性压力作用于两国尚未发生冲突之时，
如两国针对某一问题进行谈判。由于两国间政治、经济环境或者谈判的
结果可能影响他国公司的经济利益，所以他国公司此时会对他国政府进
行游说，对他国民众进行宣传，不遗余力地促成他国政府采取对两国有
利的政策来保证他国公司自身利益不受损失。而当两国已经发生了冲突
时，本国政府可能会首先选择对他国的公司进行施压以迫使他国改变其
政策行为。这时他国公司便会积极向他国政府游说以缓和两国关系，避
免自身利益遭受更大的损失。特别是像波音、空客这类同时涉及民用、
军用产品的大型跨国公司，它们的某些行为一定程度上代表着其政府，
所以它们已经不是只追求经济利益的公司，而是"日益成为母国的外交
工具"①。

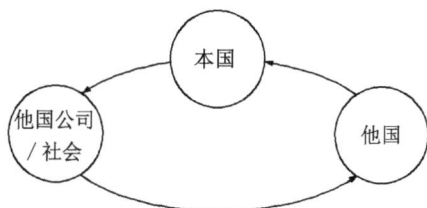

**图 2-3　吸引性经济权力作用路径三：国家—他国公司 / 社会—国家**

吸引性经济权力这种"国家—他国公司 / 社会—国家"的作用路径类
似于第二轨道外交，即通过非官方、非正式的交往活动解决冲突。当政
府间外交解决不了问题，或者某个问题的影响没有大到非要政府出面解
决，而通过其他渠道向政府施加压力便能够解决的时候，第二轨道外交
就表现出了它的优越性。所以说，第二轨道外交是对官方外交的重要补

①　刘杨 . 波音公司对中美关系的作用 [J]. 当代亚太，2004（1）：36-43.

充，特别是在双方关系紧张的时候。①

吸引性经济权力的作用路径按其作用对象可分为三种。国家—国家的作用路径简单明了，无须赘述。国家—跨国公司 / 社会的作用路径，其对象是在母国和东道国均有经济活动的跨国公司，并且在这种作用路径下，本国的经济权力直接作用于跨国公司，直接改变跨国公司的政策和行为，使其更符合本国的国家利益。国家—他国公司 / 社会—国家的作用路径，虽然其作用对象也包括跨国公司，但并不局限于跨国公司。除了跨国公司，它的作用对象还包括仅与本国进行贸易，但并不在本国从事生产活动的公司。所以，路径三的中介对象可称为"他国公司"。这些他国公司，因为均在本国有利益根基，所以都可以影响他国政府，都可以作为吸引性经济权力的作用对象。

## 第二节　吸引性经济权力的运用方式

上文从外部分析了吸引性经济权力的作用轨迹，下面将从内部探究吸引性经济权力有哪些运用方式。根据作用对象、作用目的和作用手段的不同，本书将吸引性经济权力的运用方式分为结构型经济激励、扩散型经济激励、指向型经济激励和施压型经济激励四种（见表2–1）。其中，结构型经济激励、扩散型经济激励和指向型经济激励均属于正向激励，而施压型经济激励属于反向激励。具体来看，结构型经济激励指利用存量利益格局中对象国对本国的经济依赖，使对象国出于自身利益的考量主动作出对本国有利的政策和行为；扩散型经济激励指通过给予对象国广泛的增量经济利益来提升国家形象，发展对外关系，其目的不是影响对象国特定领域的政策和行为；指向型经济激励指针对特定对象国，通过有

① Davidson W D，Montville J V.Foreign policy according to Freud[J].Foreign Policy，1981（45）：145–157.

选择地给予其特定的增量经济利益来影响对象国在特定领域的政策和行为[①]；施压型经济激励指针对特定对象国，通过撤回或延缓给予其允诺的增量经济利益来影响对象国在特定领域的政策和行为。

表 2-1　吸引性经济权力的四种运用方式比较

| 运用方式 | 激励性质 | 作用对象 | 作用目的 | 作用手段 |
| --- | --- | --- | --- | --- |
| 结构型<br>经济激励 | 正向激励 | 特定经济部门<br>和政府 | 使对象国作出有利于<br>本国的政策和行为 | 利用存量利益格局中的<br>经济依赖关系 |
| 扩散型<br>经济激励 | 正向激励 | 政府和社会 | 提升国家形象，<br>发展双边关系 | 给予广泛的增量经济利益 |
| 指向型<br>经济激励 | 正向激励 | 特定经济部门<br>和政府 | 引导对象国在特定<br>领域的政策立场 | 给予特定的增量经济利益 |
| 施压型<br>经济激励 | 反向激励 | 特定经济部门<br>和政府 | 改变对象国在特定<br>领域的政策立场 | 撤回、延缓特定的增量<br>经济利益允诺 |

比较吸引性经济权力运用的四种方式，可以看出，每种方式各有其特点。如结构型经济激励不同于其他运用方式的特点在于它是一种静态的激励，即两国之间现有的经济利益格局会让对象国主动作出对本国有利的政策和行为，其他的运用方式则要通过行为主体主动的利益增减来达到目的；扩散型经济激励和指向型经济激励同属于导向型激励，因为它们都旨在引导对象国的政策行为，但其不同之处在于两者作用对象的数目有差异，扩散型经济激励类似于一对多的作用模式，而指向型经济激励类似于一对一的作用模式；施压型经济激励是四种激励方式中最特殊的一种，因为它是通过给予对象国经济利益上的压力来促使其改变政策立场。

虽然将吸引性经济权力的运用方式细分之后，发现它们有诸多不同之处，但是如果将其作为一个整体来看，又可以从中抽取出许多共性因

---

[①]　扩散型经济激励和指向型经济激励的概念受到罗伯特·基欧汉的《国际关系中的互惠》一文的启发，详见 Keohane R O.Reciprocity in international relations[J].International Organization，1986，40（1）：1-27.

子。首先，吸引性经济权力的运用方式中处处渗透着利益，表面上看是吸引性经济权力的各种运用，实则是对利益的给与不给、给谁、给多少、什么时候给的操作和把握。之所以出现这种情况，是因为在政治学中，权力和利益本身就是密不可分的。另外，吸引性经济权力的运用过程中也体现着外交谋略和谈判策略。

## 一、权力运用与利益

权力和利益是共生的。摩根索认为，利益的观念确实是政治的实质，不受时间和空间环境的影响。他还引用修昔底德的话说："无论国家之间还是个人之间，利益的一致是最可靠的纽带。"[①] 这就解释了为什么对权力的讨论离不开利益，为什么权力的运用中处处有利益的影子。权力的利益性表现在两个方面：一方面，权力是实现国家利益的手段；另一方面，国家为实现自身利益会自觉地运用权力来影响或改变其他国家的行为。[②]

在本书中，从广义方面看，吸引性经济权力的运用必然有实现国家利益的目的。而从狭义的方面看，我们把利益作为一个诱饵、砝码，把利益看作权力运用的工具。那么，利益这个工具是如何发挥影响力的呢？摩根索认为，权力行使者对权力行使对象有影响力，这种影响力源于三个方面：对利益的期待、对损失的恐惧、对领袖或制度的敬仰和爱戴。[③] 本书认为，第三个方面，即威望，类似于软权力中文化和制度的影响力，而前两个方面正好与本书关于权力和利益的观点相吻合。不言自明的是，所有国家都希望得到更多的利益，而害怕失去利益。吸引性经济权力的运用以利益为工具，一方面，通过结构型经济激励、扩散型经济激励、指向型经济激励等给予利益的方面满足对象国对利益的期待，

---

① 摩根索 . 国家间政治：权力斗争与和平 [M]. 徐昕，等译 . 北京：北京大学出版社，2006：34.
② 陈岳 . 国际政治学概论（第三版）[M]. 北京：中国人民大学出版社，2010：116.
③ 摩根索 . 国家间政治：权力斗争与和平 [M]. 徐昕，等译 . 北京：北京大学出版社，2006：56.

增强对象国对本国的权力黏性；另一方面，通过施压型经济激励的方式暂停给予对象国利益，那么对象国出于利益得失的衡量便自然受到本国权力的约束。可以看出，吸引性经济权力的运用仍然是围绕利益进行的。

## 二、权力运用与外交策略

我们从吸引性经济权力运用方式中发现，权力的运用实际上也是外交策略的运用。中国对吸引性经济权力的运用不仅借鉴了现代外交中的谈判策略，也渗透着中国传统文化中的谋略思想。

### 1. 权力运用中的谈判策略[①]

例如，扩散型经济激励、指向型经济激励、施压型经济激励都运用了议题间的"联系"（linkage）这一原则[②]，即把利益的给予与否与对象国的行为和政策联系起来，这就增加了对象国行为改变的可能性，更有利于吸引性经济权力的有效发挥。再如，扩散型经济激励其实是运用了"联盟"的策略。如中国运用扩散型经济激励，通过为非洲国家提供援助的方式发展与其友好关系，虽不是结盟，但其最终目的仍然是想在世界上广交朋友，构建一种类似于盟友的关系。又如，施压型经济激励不仅用到了"联系"的策略，也运用了"交换"（exchange）这一策略。当对象国做出有损本国国家利益的事情时，本国暂停或者延缓给予其增量利益。那么，如果对象国想要重新获取这些利益，则需要拿自己友好的政策和行为来置换。这种手段在外交谈判中十分常见，因为国家间总会发生利益的冲突。正如美国学者弗雷德·伊克尔（Fred C. Iklé）指出的，"至少要满足两点条件，谈判才能发生：谈判者之间必须既存在共同的利益，也存在

---

① Pfetsch F R.Negotiating Political Conflicts[M].New York：Palgrave Macmillan，2007：67–88.

② "联系"是指将另外的议题纳入谈判，这些议题与原谈判议题并不直接相关。见斯塔奇．外交谈判导论 [M].陈志敏，等译．北京：北京大学出版社，2005：48.

利益冲突。没有共同的利益，双方就没有必要去谈判；没有利益冲突，就没有什么值得去谈判"①。因此，施压型经济激励也会运用谈判策略来解决国际争端。除此之外，一揽子交易（package deals）、对未来的预期（the shadow of future）等谈判策略也可以用来丰富吸引性经济权力的作用手段。

2. 中国传统文化中重视谋略

以《孙子兵法》为例，其核心思想是倡导以智谋取胜，而不是以力取胜。所以，受这种传统思想的影响，中国即使实力日渐强大，其外交也是倾向于运用软性的策略，而不是硬性的武力。这并不是说中国不重视硬性力量的作用，而是说中国偏好以实力为基础的"外柔内刚"型外交政策。金桂华将这种策略称为外交"柔"术，并认为：施"柔"术者，须是"柔"的表相、"刚"的骨子；唯其外柔，始能诱之，唯其内刚，始能制之。②除了刚柔相济，外交谋略中的"两手"还表现在"张"与"弛"、"取"与"予"、"打"与"拉"、"明"与"暗"等。③本书中吸引性经济权力的四种运用方式，也是既有"静"（结构型经济激励）又有"动"（扩散型经济激励等），既有"诱"（指向型经济激励等）又有"压"（施压型经济激励）。

## 第三节　吸引性经济权力的效果评价机制

在吸引性经济权力理论构建的最后一部分，本书将探讨吸引性经济权力作用效果的评价机制。这是整个理论构建部分的终极问题，因为在

---

① Craig G A, George A L.Force and Statecraft: Diplomatic Problems of Our Time[M].New York: Oxford University Press, 1990: 163. 转引自高望来．大国谈判谋略：中英香港谈判内幕 [M]．北京：时事出版社，2012: 24.

② 金桂华．外交谋略：觥筹交错、折冲樽俎 [M]．北京：世界知识出版社，2003: 49.

③ 金桂华．外交谋略：觥筹交错、折冲樽俎 [M]．北京：世界知识出版社，2003: 37.

讨论了吸引性经济权力是什么、它为什么能够发挥作用以及如何发挥作用之后，人们必然要问：它的作用效果如何体现？理论如果不能够解释现实，或者对我们的社会生活没有裨益，即使再华丽其也没有任何意义和价值可言。因此，本书希望能给出吸引性经济权力作用效果的评价标准，按照这些标准，如果本国的吸引性经济权力能够起到改变对象国行为的目的，不管改变的程度如何，只要是朝着有利于己方利益的方向发展，那么吸引性经济权力的运用就是成功的。另外，本书还将探讨作用效果存在差别的原因，即哪些因素导致吸引性经济权力的作用效果更好或者不好。

## 一、吸引性经济权力作用效果的评价标准

对吸引性经济权力作用效果的评判需要一些标准，对照这些标准，方能看出吸引性经济权力是否发挥作用。本书运用定性的方法对吸引性经济权力进行评价，按照作用效果从低到高可以分为三个层次：最低层次是对象国不做本国不想让它做的事，中间层次是对象国做了两国都想做的事，最高层次是对象国做了本国想让它做的事。换个说法来讲，我们可以进一步把这三个标准（层次）简单化、抽象化为消极的吸引（negative attraction）、一般的吸引（general attraction）、积极的吸引（positive attraction）三类。①

### 1. 标准一：对象国不做本国不想让它做的事

首先需要说明的是，这里的"本国不想让它做的事"指的是与本国利

---

① 格伦·H.斯奈德（Glenn H. Snyder）和保罗·迪辛（Paul Diesing）在《国家间冲突》一书中把托马斯·C.谢林（Thomas C. Schelling）定义的威慑（deterrence）视为消极的制裁（negative coercion），把胁迫（compellence）视为积极的制裁（positive coercion）。本书对吸引的分类由此启发而来。参见谢林.军备及其影响[M].毛瑞鹏，译.上海：上海人民出版社，2011：58−72；Snyder G H，Diesing P.Conflict among Nations：Bargaining，Decision Making，and System Structure in International Crises[M].New Jersey：Princeton University Press，1977：196.

益和政策相违背的事；反之，"本国想让它做的事"则是指符合本国利益和政策的事。那么，吸引性经济权力作用效果的评价标准之一是指，受到本国吸引性经济权力影响的国家，不再做对本国不利的事情。当然，正是因为这些事情涉及国家的核心利益，所以他国不会轻易丢掉这些牵制砝码。但是也不能因为某些棘手的政治问题不能在一朝一夕得以解决就否定吸引性经济权力的作用。所以本书认为，在一些与国家核心利益相悖的事情上，只要相关国家出于该国经济吸引力的考量而最终作出或多或少、或大或小的收敛、让步，那么都可以认为吸引性经济权力是有效的。

2. 标准二：对象国做了两国都想做的事

吸引性经济权力作用效果的评价标准之二是，对象国做了两国都想做的事。这个标准是指，出于本国吸引性经济权力的影响，对象国主动、友好地支持本国的外交政策和立场，这种行为既是本国希望对象国做的，并且也是对象国本身愿意做的。因此可以看出，评价标准二比标准一向前推进了一步。标准一中对象国的行为是被动的，本国对对象国的吸引力也基本保持在原点附近，只是保证对象国不往本国的负方向走，而并未明显地将对象国吸引到自己的一边来，故称"消极的吸引"。而评价标准二中对象国的行为是主动的，这表明本国已经明显地将对象国从原点拉到了正方向上自己的一边，又由于这种吸引是双方均出于自愿的，也是互利共赢的，所以将这种吸引称为"一般的吸引"。对于中国来讲，中国对他国广泛地开放市场，长期给予其经济利益，双方经济联系的紧密程度不断增强，随之带来政治互信和共识的增强，他国逐渐在国际社会中成为中国的朋友，对于中国的对外政策和立场总是表示支持和赞赏，这便是吸引性经济权力发挥了黏合剂的作用。

### 3. 标准三：对象国做了本国想让它做的事

标准三其实暗含了这样一个假设，即对象国本身并不愿意做，或者是不管他愿意不愿意做，都不得不按照本国的要求去做。这是吸引性经济权力作用效果评价中最高的一个层次，称为"积极的吸引"。标准三与标准一、标准二的不同之处在于，如果说标准一、标准二发挥的是吸引性经济权力作为"联系性权力"的作用的话，那么标准三发挥的则是吸引性经济权力的"结构性权力"的作用。因为标准一、标准二都是旨在改变对象国的行为，不管是消极的"不让其做什么"还是互利的"希望其做什么"。而标准三是更高层次的权力形式，是指如果本国拥有一种结构性经济权力，那么在其确立的全球经济结构中，其他行为体都要按照本国制定的规则行事，"都不得不在这些结构中活动"[①]。这就是结构性权力的强大之处，因为它控制了资源、设定了游戏规则、限定了他国的选择范围。但是这种权力并非仅有强大的经济实力就能够拥有的，它需要与政治、安全等权力交互共建才能形成。对于当前的中国来说，显然还不具备这种结构性的经济权力，中国的话语权还偏弱，还不能像美国那样可以让其他国家做其本不愿意做的事。

## 二、吸引性经济权力作用效果的影响因素

以上给出了吸引性经济权力作用效果的评价标准，那么是什么因素影响了吸引性经济权力的作用效果呢？本书认为，权力主体的经济吸引能力、外交行为偏好以及作用对象和作用领域的选择三个方面将直接影响吸引性经济权力的作用效果。

---

① 斯特兰奇. 国家与市场 [M]. 杨宇光，等译. 上海：上海人民出版社，2012：21.

1. 权力主体的经济吸引能力

如我们通常所知道的，一个国家如果想成为权力大国，则其不仅要有足够的实力，而且要有施展权力的愿望，也就是说"权力＝实力 × 意愿"。同样，一个国家如果想发挥吸引性经济权力，那么其不仅要拥有足够的吸引性经济权力资源，而且又愿意以此发挥对外影响。这里我们先从"实力"的角度探讨发挥吸引性经济权力需要哪些权力资源，再从"意愿"的角度探讨为什么有些国家倾向于使用吸引性的经济权力手段，有些国家则不然。

一些学者对经济权力的来源进行了探讨。如诺尔认为，经济权力的四个来源是经济力量、意愿、技巧、国际声誉。[1] 与诺尔对经济权力来源的全面分类相比，奈仅从经济力量这一方面给出了自己的观点。奈认为，"经济资源是硬权力和软权力的基础"，经济资源包括"国内生产总值的规模和质量、人均收入、技术水平、自然和人力资源、调控市场的政治和法律制度，以及诸如贸易、金融和竞争领域的种种有形资源"。[2]奈虽然没有对经济资源进行正式、系统的分类，但是他关于经济权力来源的论述已经涉及了自然资源、人力资源、技术水平、政治制度等多个方面。所以，如果一个国家想要拥有强大的吸引性经济权力，那么它首先需要拥有强大的经济权力资源，如可观的经济总量、广阔而健全的市场、丰富的自然资源、充足的劳动力资源等可兹利用的经济禀赋。只有拥有"人无我有"的资源，才能在经济权力的较量中脱颖而出。对于中国来说，巨大的市场和快速的经济增长就是全球范围内"人无我有"的资源，这也正是中国发挥吸引性经济权力的重要突破口。

---

[1] Knorr K.The Power of Nations：The Political Economy of International Relations[M].New York：Basic Books，1975：83–84.

[2] Nye J S Jr.The Future of Power[M].New York：Public Affairs，2011：52.

### 2. 权力主体的外交行为偏好

在拥有了经济权力资源之后，能否将其用作吸引力则是由国家的行为偏好所决定的。国家的对外政策由以下因素共同决定：国内外环境，政治、经济、文化因素，国家实力，国家利益，等等。国际政治研究中一般都会假设国家是单一理性的行为体，但是现实的国家对外政策也会受到主观因素的影响，这就是国家的外交行为偏好。国家的外交行为偏好到底有多重要呢？李少军将这种外交行为偏好称为对外关系哲学。他认为，对外关系哲学是一种根深蒂固的社会意识，这种意识来源于一个国家文明的发展演化，从而形成一种特定的战略偏好，并具体表现在其外交政策和行为中。[①] 因此，持有不同外交哲学，或者说是不同外交行为偏好的国家，面对相同的问题会采取不同的对外政策。

中国的外交哲学继承于中国的传统文化。关于传统文化对中国外交的影响，虽然每个学者的论点各不相同，但基本上都认同中国传统文化中的"和合"思想决定了中国和平、合作的外交政策取向。传统文化的内涵极其丰富，本书暂且引用国学大师张岱年的总结。他认为，中国传统文化的基本精神包括天人合一、以人为本、刚健有为、贵和尚中四个方面。[②] 在我们的观念里，中国外交崇尚和平、低调内敛，我们一直实行"韬光养晦"的外交政策，直到近来才逐渐开始讨论"有所作为"。那么，这种观念的根源在哪里呢？这就是中国传统思想中的"德"。正是因为重视德的作用，我们才推崇以德治国、以德服人，甚至还有德性外交。楚树龙、王青认为，这种德性政治让古代的中国普遍实行"羁縻"政策，即不通过武力扩张来征服他者，而是"以德怀远"，这样既可以使异域他者倾心向化，又使自身在无形中获得了他者的认同和政治上的合法性。[③] 当

---

① 李少军. 中国对外政策分析的几个要素 [J]. 外交评论，2010（4）：21–26.
② 张岱年，方克立. 中国文化概论 [M]. 北京：北京师范大学出版社，2004：286–299.
③ 楚树龙，王青. 传统文化对当代中国外交的影响 [J]. 世界经济与政治，2007（12）：33–41.

然，这种自我的道德约束在现代外交中表现得也很明显，例如：中国在核试验成功后立即宣布不首先使用核武器，中国在苏联解体后表示永不称霸、永不当头，中国在国力强大之后仍然一直对外界讲明中国是和平崛起，等等。正是受到传统文化中对个人、对国家"德"的要求，所以中国外交才呈现内向、内敛的特点，也正是这一点决定了中国运用吸引性经济权力的内在诉求。

以上论述可以总结为一个观点，即受到传统文化中"德"的影响，中国外交倾向于吸引而不是强制，呈现出内向而不是外向的特点。那么，除了"德"，中国重视实力的作用吗？回答当然是肯定的。因为在国际社会的无政府状态下，实力是国家生存的根本，特别是像中国这样有过被侵略历史的国家，更加明白实力的重要性，这就是中国埋头苦干搞经济建设的原因之一。所以可以这样看，现实让中国明白要拥有"实力"，传统让中国拥有"德性"，"实力 + 德性"才是中国外交的特色。之所以说国家的外交行为偏好影响吸引性经济权力的作用效果，就是因为任何国家都可以拥有经济实力，但并非任何国家都希望将经济实力用作吸引力，或许有些国家将强大的经济实力用作强制、制裁，还会在更短的时间内达到自己想要的结果。所以笔者认为，在权力运用过程中，手段比实力更具有决定性。

3. 作用对象和作用领域的选择

吸引性经济权力作用效果的影响因素之三是作用对象和作用领域的选择。权力的运用本身就是一种关系的作用，所以吸引性经济权力的运用效果不仅要看行为主体的能力和意愿，还要看行为客体的需求。吸引性经济权力的运用过程也一定程度上遵循着市场中的供求关系原则。拥有经济实力也愿意发挥其影响力的国家在"市场"上寻找合作对象，而希望得到经济利益的国家则试图与利益的供给国达成交易。依然是按照市场的供求关系原则，对于利益的提供国来说，如果当前处于买方市场，经济利益供不应求，那么此时给最急需的国家提供利益，其回报最大，效果最好。即便是在平稳的供需状态下，选对作用对象和作用领域才能达到"投桃报李"的效果。例如，对于非洲国家来说，当前最需要的就是中国的资金和技术援助；对于发达工业国家来说，最急需的是中国的大市场。对于权力主体来说，要"因人而异"；对于权力客体来说，也会"各取所需"。不仅利益给予要有选择性，搁置利益也要准确寻找对象国的痛点和软肋，方能达到一针见血的效果。

　　如果我们确定行为主体既有能力又有意愿运用吸引性经济权力，并且也选择了合适的对象国，那么吸引性经济权力就一定能发挥预期的效果吗？对象国一定会"知恩图报"吗？这也是吸引性经济权力整个作用链条的最后一环，即是否存在对象国"失信"的情况。如果存在这种情况，本国应该采取怎样的措施？本书认为，如果把吸引性经济权力的本质简化为利益置换，那么这种置换存在的一个重要条件是互惠和等价，即本国和对象国都是"有利可图"的，并且本国给予对象国的经济利益要基本等于对象国回报给本国的政治利益（由于利益难以精确测量，所以这里的"等于"并非完全相等，可能是约等于，结果与双方的预期相符即可）。并且笔者认为，通常情况下不会出现对象国"食言"的情况，原因有三。首先，本国和对象国之间的合作和利益置换并非单次博弈所能完成的，一般都是多次博弈重复进行。在一次博弈中，如果一个行为体采取合作行为，则该行为体会获得其他行为体的信任，以及后续更多的合作；而如果一个行为体在一次博弈中采取欺诈行为，虽然获得了此次的利益最大化，但会失去其他行为体的信任，导致以后这些行为体均会对其采取不合作行为。[①] 所以，理性行为体基于长远的考虑都不会轻易挑战互惠原则。

---

① 秦亚青. 权力·制度·文化：国际关系理论与方法研究文集 [M]. 北京：北京大学出版社，2005：102.

其次，在合作的长效机制形成以后，随着对象国对本国经济利益的黏性越来越强，其也不得不受到本国吸引性经济权力的约束。最后，如果出现对象国违规的情况，本国还可以使用"排他性不给予"这个"惩罚"措施，即对于那些曾经做过与本国政策和利益严重相悖的事情的国家，在以后的利益给予中，本国将给予其他所有国家，而单独不给予这个国家。这种排他性不给予并没有剥夺对象国原有的利益，所以也属于吸引性经济权力的手段，但是如果将对象国与他国做相对收益的比较时，对象国则属于损失利益的一方，所以说这是一种略带"惩罚"性质的吸引手段。

在本书理论构建的最后，有两点值得一提。第一，任何国家都可以运用吸引性经济权力，只要其具备足够的经济权力资源并愿意将其用作吸引力。第二，吸引性经济权力不是万能的，它只是众多外交手段中的一种。吸引性经济权力并非在任何情况下都是有用的或最优的。在双方冲突特别严重的时候，或许需要使用经济制裁，并且经济手段不能够解决问题时，可能还需要使用政治和军事手段。另外，不同国家对于吸引性经济权力的接受程度不同，例如，与中国有密切经济往来的国家受到中国吸引性经济权力的影响就大，而对于那些与中国政治交流密切而经济往来较少的国家来说，吸引性经济手段肯定不是最佳选择。

# 第三章　结构型经济激励

在吸引性经济权力的四种运用方式中，结构型经济激励属于一种静态方式，即它是由对象国对本国的经济依赖产生的。正是由于此种经济权力的来源是结构性的，因此权力双方的利益格局一旦形成，结构型经济激励便自然存在了。也就是说，只要对方在我方有利益存在，只要对方对我方有经济依赖，那么对方就会本能地为自己的存量利益作谋划，就会自然而然地去维护并且增加这种利益。本章将具体辨析结构型经济激励的概念，梳理结构型经济激励的理论解释，分析结构型经济激励的作用机制，并列举中国运用结构型经济激励的案例。

## 第一节　结构型经济激励的概念

结构型经济激励是利用国家间相互依赖的态势发挥作用的一种吸引性经济权力形式。本书认为，结构型经济激励指利用存量利益格局中他国对本国的经济依赖，使他国出于自身利益的考量主动作出对本国有利的政策和行为。

结构型经济激励的作用基石是相互依赖，那么，我们首先需要说明的是，相互联系不能等同于相互依赖。当相互联系产生了双方都要为此付出代价的影响时，这种关系才是相互依赖；而如果相互联系没有产生需要双方都要为此付出代价的影响时，则这种关系只是相互联系。① 其次，相互依赖有对称性和非对称性之分，不同学者对相互依赖如何发挥影响力也持有不同的观点。本书对相互依赖与权力之间关系的研究分为两类：一类是关系性权力的角度，即从国家间权力的不均衡分配来看待相互依赖关系；另一类是结构性权力的角度，即从国际经济权力结构或国家间形成的经济结构来看待相互依赖关系。

## 一、不对称相互依赖的权力观

相互依赖理论最早由美国经济学家库珀提出。到了 20 世纪 70 年代，基欧汉和奈将其发展成为一套完善的复合相互依赖理论。相互依赖理论的发展成熟可以视为国际关系理论中新自由主义流派的形成。但是，不仅新自由主义，包括新现实主义都对相互依赖理论有自己的看法，并形成了一定的交锋。

基欧汉和奈指出，理解权力在相互依赖中的作用就必须区分敏感性与脆弱性。敏感性是指一国的变化导致另一国发生变化的速度和代价；脆弱性则是指在相互依赖的结构发生变化后，另一国获得替代性选择的能力及其需要付出的代价。② 正是对敏感性、脆弱性的看法不同，导致了新现实主义和新自由主义对相互依赖理解上的分歧。

首先看库珀的相互依赖思想。库珀的相互依赖思想基本上属于"贸易和平论"的范畴，该观点认为，贸易的互惠互利带来全球经济的相互依赖，国家间的相互依赖会减少冲突、带来和平。库珀主要从敏感性的角度看待相互依赖，他把相互依赖（相互依存）定义为"一国经济发展与国际经济发展之间的敏感反应关系"，并且认为研究国家间经济依存关系中

---

① 基欧汉，奈.权力与相互依赖 [M].门洪华，译.北京：北京大学出版社，2002：10.

② 基欧汉，奈.权力与相互依赖 [M].门洪华，译.北京：北京大学出版社，2002：12-14.

的敏感性非常重要，这是把握国家间关系的关键因素。[①] 从上文对敏感性和脆弱性的比较可以看出，敏感性是在外部关系结构依然存在的情况下，一国的变化导致另一国变化的速度的快慢和另一国所受影响的大小；脆弱性则是指在外部关系被打破的情况下，一国的变化导致另一国需要付出的代价及其应变能力的强弱。所以新现实主义认为，只从敏感性角度认识相互依赖是不够的，要从脆弱性角度，看关系打破对双方造成的影响来理解相互依赖。

从脆弱性角度理解相互依赖的有赫希曼、鲍德温和沃尔兹。鲍德温认为，在构建依赖或者是相互依赖的概念时，重要的不是看交易正在进行时双方需要付出的成本，而是看中断交易后双方需要付出的代价。[②] 约翰·克罗尔（John A. Kroll）也认为，以上三位学者把相互依赖视为一种相互的脆弱性，相互依赖指两个行为体处于这样一种关系中，即关系破裂会对双方带来巨大的损失。[③] 新现实主义学者除了从脆弱性的角度，即中断关系要付出代价方面看待相互依赖，并且还看到双方所要付出的代价是不均衡的。沃尔兹认为，如果中断联系对于各方来说需要付出的成本基本均等，那么它们之间就是相互依赖的关系。[④] 也就是说，在新现实主义学者看来，如果这种代价是不均等的，则形成的是依附（dependency）关系。所以沃尔兹认为，通常我们定义的相互依赖实际上忽视了国家间政治、经济地位不平等的现实。[⑤] 最早研究经济权力的赫希曼也是从不均衡依赖的角度理解权力的。他认为，对外贸易可以用作国家权力的手段，

---

[①] 樊勇明. 西方国际政治经济学 [M]. 上海：上海人民出版社，2006：25.

[②] Baldwin D A. Paradoxes of Power[M]. New York：Basil Blackwell，1989：147.

[③] Kroll J A. The complexity of interdependence[J]. International Studies Quarterly，1993，37（3）：321–347.

[④] 华尔兹. 国际政治理论 [M]. 信强，译. 上海：上海人民出版社，2008：154.

[⑤] 华尔兹. 国际政治理论 [M]. 信强，译. 上海：上海人民出版社，2008：152–153.

贸易强国通过他国对自己的经济依赖施展更大的权力。[①]

由以上分析可以看出，以库珀为代表的一派从国家对外部关系的感知角度看待相互依赖，即相互依赖的敏感性。而以沃尔兹为代表的现实主义学派则从中断既有关系的后果上来判断相互依赖，并且还要比较行为双方为此付出代价的大小。比较而言，基欧汉和奈的观点相对折中，他们从敏感性和脆弱性两个角度来理解相互依赖。并且他们也强调相互依赖的非均衡性，认为完全均衡的依赖是很少的，最常见的是非对称性的依赖。另外，在谈到权力与相互依赖的关系时，一方面，他们认为就理解相互依赖关系的政治结构而言，脆弱性比敏感性重要；另一方面，他们认为非对称相互依赖是行为体的权力来源，依赖性小的行为体比依赖性大的行为体拥有更大的权力。[②]

敏感性关注保持关系时双方需要付出的代价，而脆弱性关注打破关系时双方需要付出的代价。[③]敏感性相互依赖和脆弱性相互依赖理论对本书的启示是，敏感性相互依赖的产生机制类似于结构型经济激励的作用机制，即在两国经济的总体关系不发生改变的情况下，他国因为在本国有存量利益而具有一定的敏感性，并且存量利益越大其敏感性越强。同样地，脆弱性的产生机制类似于施压型经济激励的作用机制，当本国中断经济联系或者利益供给时，他国将为之付出代价。他国的脆弱性越强，其需要付出的代价越大；他国越难以找到替代性选择，其需要付出的代价越大。

---

① Hirschman A O.National Power and the Structure of Foreign Trade[M].London：University of California Press，1945.

② 基欧汉，奈.权力与相互依赖 [M].门洪华，译.北京：北京大学出版社，2002：9-20.

③ Kroll J A.The complexity of interdependence[J].International Studies Quarterly，1993，37（3）：321-347.

## 二、结构性相互依赖的权力观

以上学者均是从关系性权力的视角理解权力与相互依赖之间的关系，或认为实力的大小决定依赖程度的强弱（如沃尔兹），或认为依赖程度的强弱决定行为体拥有权力的大小（如基欧汉、奈）。另一派学者则从国际经济结构或国家间关系的结构方面思考权力与相互依赖的关系，而不是比较行为体之间权力的大小或者依赖程度的强弱。

斯特兰奇从国际政治经济学的视角分析权力。她认为，权力有联系性权力和结构性权力之分。联系性权力是指 A 让 B 做他本来不愿意做的事的能力，而结构性权力是指形成和决定全球各种政治经济结构的权力。[①]结构性权力可以确定议事日程、设计国际体系的惯例和规则、限定他者的选择范围，从而在结构上控制体系。它比联系性权力更胜一筹。结构性权力来源于安全、生产、金融、知识四个方面的相互支撑与相互影响。结构性权力与联系性权力的不同之处在于它的影响力是隐性的，在别人尚未发觉的情况下已经起作用。但同时它的影响力又是巨大的，因为它从根本上限定了他人的选择范围，使其不得不在现有体系结构的主导下行事。总体来说，斯特兰奇的结构性权力思想旨在从宏观上观察和思考国际经济体系的结构，并分析权力如何在其中发挥作用。本书则是外交学研究，旨在研究国家之间权力的运行方式，因此本书将借鉴结构性相互依赖的思想。

要真正发挥结构型经济激励的作用，需要双方形成一种结构性相互依赖的态势，它与我们通常所讲的相互依赖的主要区别在于，结构性相互依赖比相互依赖的联系更加紧密，并由此形成了一种稳固的关系结构。余万里认为，结构性相互依赖是指，在全球化时代，伴随着商品、贸易、

---

① 斯特兰奇.国家与市场 [M].杨宇光，等译.上海：上海人民出版社，2012：20—21.

资金、信息、人员等要素的跨国界流动，国家间的相互依赖程度会不断加深并逐步形成一种较为稳定的利益共存结构，这种利益共存结构会通过国内政治进行传导并影响国家间的政治外交关系。[①] 本书将采用这种观点，并把结构性相互依赖界定为两国之间形成的稳固的利益共存结构。这种利益共存结构将两国的政治、经济、文化、外交等各方面联结交织成一个网络，任何一部分的改变都会引起"牵一发而动全身"的后果。结构性相互依赖最大的特点在于非国家行为体等社会因素参与到两国关系的发展和构建中。也正是这些行为体的加入改变了国家与国家之间的传统外交方式，使外交政策的制定变成了一国政府与他国政府、一国政府与本国利益集团之间的"双层博弈"。

## 第二节　结构型经济激励的作用机理

正如本章一开始讲到的，结构型经济激励的作用基石是相互依赖。那么，相互依赖为国家的外交决策带来了哪些变化呢？从行为体的变化来说，参与国际关系的行为体越来越多元化，非国家行为体越来越多地影响国家的外交政策，国内政治越来越多地影响国际政治；从问题领域来看，国际关系的问题领域越来越分化，问题领域之间的联系越来越松散，世界政治不再是一张无缝之网。这些新特点孕育着权力运用方式的新变化。外交政策的制定不再局限于外交官之间的"上层"决策，那么一国便可以作用于他国的跨国公司、利益集团、民众等"中层""底层"；国际政治不再是军事强国一统天下，一国就可以在经济领域寻找突破，进而影响其他领域。下文将从外交政策的"双层博弈"和国际关系问题领域的分化及联系两方面来研究相互依赖背景下结构型经济激励如何发挥作用。

---

① 余万里. 中美相互依赖的结构：理论分析的框架 [J]. 国际论坛，2007（2）：52-57.

## 一、外交政策的"双层博弈"

双层博弈理论（two-level games）的"双层"是指从国际和国内两个层面来认识外交政策的决策过程。双层博弈理论与层次研究密不可分。国际关系理论的发展经历了从非层次研究到层次研究，从单一层次研究到多层次研究的变化。20世纪50年代，国际关系理论经历了一场行为主义革命，科学行为主义学派批判传统现实主义和理想主义的哲学、历史学、法学等规范研究方法。这场科学与传统的论战激发了以沃尔兹为代表的结构现实主义的产生。起初，沃尔兹从体系、国家、个人三个层次来研究国际关系 [1]，但在后来所写的新现实主义的标志性著作《国际政治理论》（*Theory of International Politics*）中，他仅选择了从体系层次构建国际关系理论，提出体系结构决定单元互动。[2] 以新现实主义的体系理论为基础，后来发展起来的新自由主义和建构主义也都属于体系理论。虽然体系理论使国际关系理论前进了一大步，但是它自身也存在问题。以沃尔兹的体系理论为例，为了保持理论的简洁，他完全排除了国内政治因素，把国家内部的结构互动视为一个黑箱。因此，他不能够解释在体系结构不变的情况下，为什么国家的对外行为还具有很大的差异性。[3] 所以说，体系理论尽管更加科学严谨，但是它的解释力是有限的。

由于现实变化和理论进步的双重需要，国际关系的分析层次回落到国家层次。[4] 国家层次的解释分为两类：一类是研究国内的政治体制、经济体制和文化传统，以及意识形态、信仰体系等因素对国家对外行为的影响；另一类是研究政治领导者、官僚组织、立法机构、政治党派、利

---

① 华尔兹. 人、国家与战争：一种理论分析 [M]. 信强，译. 上海：上海人民出版社，2012.

② 华尔兹. 国际政治理论 [M]. 信强，译. 上海：上海人民出版社，2008.

③ 华尔兹. 国际政治理论 [M]. 信强，译. 上海：上海人民出版社，2008：IX.

④ 李巍，王勇. 国际关系研究层次的回落 [J]. 国际政治科学，2006（3）：112-142.

益集团、非政府组织和公众对国家对外行为的影响。① 国内因素的分析对
一国外交行为的解释更具有针对性，但是如不考虑国际环境和国际体系
结构的影响，这种解释不免是片面的，同时也无法对国家未来的行为走
向作出可靠的预测。由此看来，无论是从国际体系层次还是从国内层次
来研究国家对外行为，单一层次的解释力都是有限的。对此，又有不少
学者将国际层次的因素与国内层次的因素结合起来以做到认识的全面性。
不过这样也存在问题：一方面，把各种繁杂的因素统统加入进来，已经失
去了理论抽象概括的意义，而变成了对现象的描述；另一方面，众多因素
中孰轻孰重、哪个因素是最重要的，已经无法辨别。

综上所述，研究国家的对外行为不仅要综合国内、国际两个层次，
更要研究层次之间的有机联系和互动关系。这也正是罗伯特·普特南
（Robert D. Putnam）的双层博弈理论所追求的，他说："争论国内政治决定
国际政治，还是国际政治决定国内政治是徒劳的"，因为两者是相互影响
的，我们要解决的问题是"两者'在什么时候'，'如何'相互影响"。②

双层博弈理论以政治领导人为核心，假设他同时在国际和国内两个
棋盘上进行博弈。在国际谈判桌上，他的对面坐着外国谈判对手，他的
旁边坐着外交官和其他国际事务顾问；在国内谈判桌上，他的周围坐着政
党成员、国会议员、国内机构的代言人、主要利益集团的代表和这个领
导人自己的政治顾问。③ 政治领导人的谈判结果既要能够被他国所接受，
又要被国内所批准；既要使本国在国际谈判中的损失最小化，又要最大化
地满足国内的要求。双层博弈中，政治家作为国家的谈判代表，在国际

---

① 薄燕.国际谈判与国内政治：对美国与《京都议定书》的双层博弈分析[D].上海：复旦大学，2003：30.

② Putnam R D.Diplomacy and domestic politics：The logic of two-level games[J].International Organization，1988，42（3）：427-460.

③ Putnam R D.Diplomacy and domestic politics：The logic of two-level games[J].International Organization，1988，42（3）：427-460.

和国内层次之间架起了一座桥梁。按照双层博弈理论的假设，政治家首先要在国际谈判桌上与外国代表谈判，然后把谈判的结果带回国内来批准，这时国内的政党、议会、利益集团、民众则可根据条约是否符合自身及国家利益给予批准或否决。但这只是理论假设的一个作用链条，实际上政治家在与他国谈判之前，应当已经咨询了本国的民意，甚至是先在国内进行谈判妥协，然后确立对外谈判的条件和底线。因此可以看出，双层博弈理论把过去体系研究中的黑箱打开了，并且把国际、国内两个层面的互动关系建立起来了。

过去我们关于国际谈判的研究多停留在国际层面，只是关注国家作为一个整体在国际上与对手的博弈，而很少看到国家内部的利益斗争对国家外交政策制定的影响。在经济相互依赖的条件下，经济利益越来越国际化，特别是对跨国公司来说，很难再以国界来界定它的利益存在。当其利益遍布全球时，其影响也会遍布全球。所以，母国对东道国的政治态度和政策变化很有可能就影响到跨国公司在东道国的经济利益。此时跨国公司会为了自身经济利益游说本国政府与东道国保持友好关系。外交政策的制定加入了国内因素以后会呈现出灵活性和多样化的特点，而不是像新现实主义以利益界定国家的对外行为一样固化。国内因素的加入也使外交政策更具有策略性，外交策略也是外交学研究中一个很有意思的话题。本章以跨国公司为例剖析国内利益集团对国家外交政策的影响，因此下文将从理论上分析利益集团如何影响国家的外交政策制定。

利益集团是指"具有共同利益和目标的社会成员为了一定目的而结成的影响政府政策的有组织的集团"[①]。以美国为例，在分权政治和选举政治的环境中，利益集团对国家的内政外交都有重大而深刻的影响。利益集

---

① 孙大雄.宪政体制下的第三种分权：利益集团对美国政府决策的影响[M].北京：中国社会科学出版社，2004：14.

团是美国政治的基础，美国的政治可以称为利益集团政治。[①] 利益集团作用的日益突出与国家间外交方式的变化不无关系。20 世纪七八十年代以来，随着新技术革命的发展，国际经济相互依赖的程度进一步加深，特别是随着跨国公司数量突飞猛进地增长，外交也出现了新变化。首先，外交的议程开始由军事、安全等高级政治向社会、经济、环境等低级政治倾斜；其次，政府间国际组织、非政府国际组织、个人开始参与到外交活动中。这种外交生态的变化为利益集团发挥影响提供了有利的空间。除了外部环境的便利，民主国家国内政治的特点决定了利益集团影响外交决策成为必然。例如在美国，宪法为利益集团影响外交决策提供了法律保障，政治体制的分权特征为利益集团提供了介入外交决策的途径，选举制度为利益集团影响外交决策提供了条件，金钱政治成为利益集团影响政府决策的"敲门砖"，等等。[②] 利益集团通过游说国会议员、政府官员，通过媒体宣传、游行示威，通过提供政治捐款、帮助竞选等多种方式影响国家的内政外交。利益集团虽然没有行政部门的倡议权，也没有立法部门的批准权，但是它们能够对决策的制定施加关键性的影响。利益集团存在的目的不是上台执政，而只是影响政府的政治决策，从而维护本利益集团的利益和主张。[③]

## 二、国际关系问题领域的分化及联系

当今的国际关系不再是强者通吃的时代，也就是说，在多极化的背景下，很难有超级大国在国际关系的各个领域均占据主导地位，也很难把某一领域的主导作用轻而易举地渗透到其他领域。出现这种情况，一是因为国际关系的问题领域出现了分化，每个领域都有在本领域占据优

---

① 李寿祺. 利益集团与美国政治 [M]. 北京：中国社会科学出版社，1988：1.
② 刘恩东. 中美利益集团与政府决策的比较研究 [D]. 北京：中共中央党校，2008：103–110.
③ 李寿祺. 利益集团参政：美国利益集团与政府的关系 [J]. 美国研究，1989（4）：28–41.

势的国家，而不是由一个国家主导所有领域；二是因为问题领域之间的联系为实力较小的国家提供了施展权力的机会，在某一特定领域，可能恰恰是小国占据优势，而传统的综合实力大国不占优势。根据问题之间的联系原则，在外交谈判中小国可以把自己的优势领域与大国的优势领域联系起来换取利益。在相互依赖的条件下，以优势领域为支点，小国也可以撬动大国。

### 1. 国际关系问题领域的分化

问题领域的覆盖、重叠导致权力的集中，问题领域的分化导致权力的分化。在复合相互依赖的条件下，国家权力的大小是分问题领域的，政治、经济、军事等各个领域的权力资源分布有相当大的差异。一国强大的整体实力并不代表其在各个领域都拥有最大的权力，不同问题领域的权力大小取决于具体问题领域的权力分布状况。[①] 基欧汉和奈认为，军事强国越来越难以运用总体权力的支配地位控制自己在弱势领域的结果，"各问题领域中权力资源分配的变化将对议程产生影响"[②]。由此看来，不同的国家分别在不同的领域占有资源优势和权力优势。所以，对于任何一个国家来说，如果要使其权力的效用最大化，就要找准"切入点"[③]，即一国的优势领域。以中国为例，中国是一个大国，但还不是强国，所以有学者认为中国是一个"片面的"（partial）大国。[④] 像中国这样既拥有一定的实力，但实力尚不够强大的国家，最需要把国家的优势资源调动起来发挥最大化的权力。这正如人们关于"弱国无外交"的争论一样，既有人认为实力决定话语权，弱国、小国在外交中必然处于弱势；也有人持相

---

① 韦宗友.国际议程设置：一种初步分析框架[J].世界经济与政治，2011（10）：38-52：

② 基欧汉，奈.权力与相互依赖[M].门洪华，译.北京：北京大学出版社，2002：34.

③ "切入点"指行为体构建令人信服的议题的场所。见 Livingston S G.The politics of international agenda-setting：Reagan and North-South relations[J].International Studies Quarterly，1992，36（3）：313-329.

④ Shambaugh D.China Goes Global：The Partial Power[M].New York：Oxford University Press，2013.

反的观点，认为越是弱国才越需要运用外交策略来获取国家利益，强国用实力说话就够了。本书认为，强国、弱国都需要外交，一国的国际地位是"实力 × 策略"的结果。同样地，权力的运用也要讲究策略，唯有这样，有限的资源才能发挥最大化的权力，丰富的资源才能发挥更大的权力。而在权力的运用中，根据问题领域的分化这一特点，找准自己的优势领域就是关键的一步。对于中国来说，中国在现阶段的优势领域就是经济，特别是中国潜力巨大的市场，抓住这个绝对优势便能发挥吸引性经济权力的作用。

2. 国际关系问题领域的联系

问题领域的分化和问题领域之间的联系作为权力的运用策略，是一个连续体。问题领域的分化为问题领域的联系提供了条件。一方面，问题领域的分化把原来铁板一块的国际事务分化成小块的领域；另一方面，问题领域的分化打破了权力的垄断，导致了权力的分散化。在复合相互依赖的条件下，基欧汉和奈认为，军事和经济强国越来越难以运用总体权力优势获得在相对弱势的问题上的主导权，而弱国会越来越多地运用联系战略获得制约强国的能力。[①] 在相互依赖的环境中，国家间实力强弱的界限不再是绝对的，联系战略为弱国运用权力提供了条件。弱国虽然在总体权力结构中处于劣势，但可以通过谋求在具体问题领域的权力优势，从而获得与大国进行讨价还价的能力。[②] 如上所述，一个国家不可能在各个领域占尽优势，即使是美国这样的超级大国，所以一国的强弱是相对的。在吸引性经济权力的运用中，中国正是把自己的优势领域与他国的优势领域联系起来，实现两者之间的优势互换。其实，联系战略在具体的操作中包含着"交换"战略的运用，双方各有优势并且愿意互通有

---

① 基欧汉，奈 . 权力与相互依赖 [M]. 门洪华，译 . 北京：北京大学出版社，2002：31–33.
② 余万里 . 中美相互依赖的结构：理论分析的框架 [J]. 国际论坛，2007（2）：52–57.

无就能使联系战略获得成功。例如，在结构型经济激励的运用中，中国的优势是巨大的市场，他国的优势是外交上的话语权，中国可以把两者联系起来，以经济利益换取他国的对华友好政策。如果两国之间的这种联系建立起来并形成一种长效机制，他国就不会贸然改变政策。如果他国改变政策，他国在中国的经济利益就会遭遇损失，他国在中国的跨国公司便会马上对自己国家的政府施压。所以，结构性相互依赖一旦建立起来将会非常稳固，我们看似不需要做什么就能发挥影响力，背后则有一条红线把国家间的利益联结起来。当然，能够建立起结构性相互依赖的国家应当是结构互补、利益交汇点众多的大国。

## 第三节　结构型经济激励的案例：波音为中国永久正常贸易地位游说

上文界定了结构型经济激励的概念，分析了其作用机理，下面将以波音公司为中国永久正常贸易地位游说为例来说明结构型经济激励是如何发挥作用的。首先，本书将从历史的向度展现美国给予中国永久正常贸易地位的过程，以及波音公司在其中所做的游说努力；其次，本书将视角拉回当下，观察中美经济相互依赖的态势，提出如何有效地利用跨国公司的力量发挥结构型经济激励的作用，以实现借力打力。

### 一、波音为中国永久正常贸易地位游说

最惠国待遇（Most-Favored Nation Treatment，MFN）并非一种特殊的待遇，而是两国之间相互给予的正常经贸条件。早在 20 世纪初，贸易国之间相互无条件地给予对方最惠国待遇就已经成为一种国际惯例。关贸总协定（GATT）和世贸组织（WTO）都把相互无条件给予最惠国待遇确

定为国际贸易的基本准则。<sup>①</sup>1989 年以后，本来是经贸领域的最惠国待遇问题被美国加入政治因素以后，成为打压中国的一个手段，并且是否给予中国最惠国待遇在美国国内争论了近十年。在美国对是否给予中国最惠国待遇这个问题近十年的论战中，工商业利益集团极力支持发展中美两国之间的正常贸易关系，为中国最终获得永久正常贸易地位做出了不可磨灭的贡献。其中就有航空巨头波音公司，它们不仅在中国有存量利益，更看到了中国市场的巨大潜力。这些公司在追求自身获利的同时，也充当了中美之间沟通的桥梁。这些公司实力强大，足以影响美国的内政外交决策。这些拥有巨大的经济实力的跨国公司就是结构型经济激励的作用对象，它们在中国固有的存量利益就是结构型经济激励的筹码，它们为了持续获取更多的利益主动去游说本国政府就是结构型经济激励的作用方式，以经济利益保障两国之间的总体稳定状态是结构型经济激励的目的。

### 1. 最惠国待遇问题的由来

最惠国待遇是指"给惠国给予受惠国或者与该（受惠）国有确定关系的人或物的优惠，不低于该给惠国给予第三国或者与该第三国有同样关系的人或物的待遇"<sup>②</sup>。1979 年 1 月 1 日中美正式建交，随后在 7 月 7 日两国签署了《中美贸易关系协定》，规定了相互给予对方最惠国待遇。但是这一原则遭到美国国内法的制约。美国《1974 年贸易法》第 402 款，即《杰克逊—瓦尼克修正案》提出，美国可以给予"非市场经济国家"以最惠国待遇，但是这些国家必须实行移民自由的政策。并且，以这种形式给予的最惠国待遇的期限只有一年，以后每年都需要延长。这一法案制定的初衷本来是针对苏联的，但是在冷战的格局下则广泛地适用于所有共

---

① 金灿荣.PNTR 及相关问题 [J]. 世界经济与政治，2000（11）：66–68.

② 武桂馥. 最惠国待遇与中美关系 [M]. 北京：中共中央党校出版社，1992：3.

产主义国家。因此，正是这一法案为日后长达十年的中美最惠国待遇争端埋下了祸根。

从 1980 年 2 月《中美贸易关系协定》正式生效到 1989 年之前，中美两国之间的贸易关系一直处于平稳增长的状态。但是，1989 年之后，美国开始拿最惠国待遇对中国施压，以至于最后把中美贸易不平衡问题、知识产权保护问题、中国劳改产品出口问题、人权问题、武器扩散问题等统统纳入一年一度的最惠国待遇问题中。[①]20 世纪 70 年代，在美苏争霸的大背景下，为了拉拢中国抗衡苏联，美国开始与中国缓和政治关系，发展经贸往来。而到了 80 年代末冷战结束以后，美国认为中国在其国际战略格局中的地位下降，遂又重新开始孤立打压中国。除了国际因素之外，美国国内的选举政治也在推波助澜。囿于 1992 年的总统大选，美国又拿中国说事。因为从 1990 年到 1992 年，老布什连续三次否决了国会反对给予中国最惠国待遇的议案，因此民主党在最惠国待遇的问题上猛烈批评老布什政府的软弱，从而加剧了美国国内取消给予中国最惠国待遇的呼声。所以，克林顿一上台就宣布中国的贸易地位与人权状况"挂钩"。1993 年 5 月，克林顿决定延长中国 1993 年的最惠国待遇，但是对 1994 年最惠国待遇附加人权条件。然而克林顿的"挂钩"政策在实践中遇到了重重阻碍。此时随着改革开放的进行，中国的市场潜力日益凸显，美国的企业在中国拥有越来越大的利益，因此它们必须站出来维护自身利益不受损失。1994 年中国最惠国待遇回合最大的特点就是工商界发挥了积极的领导作用，工商界联合议员以及经济部门共同向克林顿政府施压，从而推动了克林顿政府对华政策的转变。[②] 据估计，美国跨国公司每

---

① 武桂馥 . 最惠国待遇与中美关系 [M]. 北京：中共中央党校出版社，1992：80-95, 116-134.

② 王勇 . 最惠国待遇的回合：1989—1997 年美国对华贸易政策 [M]. 北京：中央编译出版社，1998：246-270.

年在中国最惠国待遇问题上花费的宣传游说资金高达千万美元。[1] 跨国公司非常迫切地希望永久地解决这个问题，以免每年都要被最惠国待遇问题所牵制。

由于贸易与人权"挂钩"的政策未能奏效，一年之后，1994 年 5 月，克林顿政府决定将人权与贸易问题"脱钩"，并宣布延长给予中国 1995 年的最惠国待遇。之后在最惠国待遇的争论中，克林顿政府顶住国内的压力，一直坚持"脱钩"政策没有动摇。1998 年，为了向选民说明美国对中国的贸易政策，克林顿签署法案把最惠国待遇改为正常贸易关系（Normal Trade Relation）。因为"最惠国待遇"一词容易被民众误解为是给予中国的特殊待遇，但其实无条件给予最惠国待遇是国际贸易的基本准则。1999 年 11 月，中美两国达成了中国入世协议，中国同意广泛放开农业、电信等国内市场，而美国要给予中国"永久正常贸易关系"（Permanent Normal Trade Relation，PNTR）。2000 年 3 月，克林顿向国会提交了"给予中国永久正常贸易关系"的议案。此后，围绕 PNTR 案，美国的利益集团在对华政策上展开了激烈的斗争。据"公民"组织（Public Citizen）2000 年发布的报告，在争取中美永久正常贸易关系中，仅最主要的公司和工商业协会花费在游说和广告上的费用就有 1.131 亿美元，成为美国历史上规模最大、耗资最多、出动 CEO 最多的一次游说活动。[2]2000 年，美国众议院和参议院相继通过了对华 PNTR 法案，后由克林顿签署生效。在签字仪式上，克林顿表示："今天对于美国来说是个伟大的日子，对于 21 世纪的世界来说是充满希望的日子。"[3] 这标志着美国国内倡导与中国合作的力量终于战胜了继续对中国打压的力量。从此，十余年的对华最惠国待遇

---

[1]  Silverstein K.The new China hands[J].Nation，1997，264（6）：11–16. 转引自余万里 . 美国跨国公司与九十年代的中美关系 [D]. 北京：中国社会科学院，2003：74.

[2]  Public Citizen's Global Trade Watch.Purchasing power：The Corporate–White House Alliance to pass the China Trade Bill over the will of American people[R].2000：i/11.

[3]  刘连第 . 中美关系的轨迹：1993 年—2000 年大事纵览 [M]. 北京：时事出版社，2001：459.

问题尘埃落定，中国终于获得美国对华永久正常贸易地位。

2. 波音的游说过程

有学者把波音公司对中美经贸关系的影响总结为四个方面：有效地打破美国对华经济制裁，对中国"入世"进程发挥重要作用，对中美贸易战起了遏制作用，减弱了美国对人民币升值的压力。[①] 单就本书探讨的中国成功获得永久正常贸易地位来说，这与以波音为代表的美国跨国公司的游说努力是分不开的。由 1200 家大企业组成的"美中商业贸易联盟"斥资 1200 万美元游说国会、花费 150 万美元在媒体上进行广告宣传；197 位企业高管给国会写联名信；148 名经济学家（其中包括 13 位诺贝尔经济学奖获得者）对美国人民发表公开信来号召民众支持。[②] 在中国 PNTR 案的游说中，布什等 3 位前总统、基辛格等 6 位前国务卿、美联储主席格林斯潘、42 位州长、500 多位企业界巨头参与其中。[③] 波音中国前总裁王建民曾撰文指出，在中美关系的每一步发展中，都有波音的"推波助澜"。[④] 波音在美国给予中国最惠国待遇、发展两国永久正常贸易关系以及中国加入 WTO 等事件中起到了积极的作用。

1994 年 5 月，波音等 9 家公司联名致信克林顿总统，称扩大中美之间的贸易关系，是促进中国向美国打开市场，深远影响中国人生活方式的最佳途径。[⑤] 从一些民意调查中可以看出波音等跨国公司的游说效果。1989 年的调查显示，对中国"很有好感"和"较有好感"的美国人只占到 16%，而"较无好感"和"很无好感"的比例占到 78%；而 1994 年的调

① 陈庆栋.美国跨国公司在中美关系中的地位与作用研究：以美国波音公司为例 [D]. 广州：暨南大学，2007：84–87.

② 金灿荣.PNTR 及相关问题 [J]. 世界经济与政治，2000（11）：66–68.

③ 吕其昌，张淼宇.对华 PNTR 案在美国众议院通过的评析 [J]. 现代国际关系，2000（6）：40–44.

④ 王建民.波音构建牢固政府关系 [J]. 国际公关，2005（6）：27–28.

⑤ 布洛克.商业外交 [M]// 傅高义.与中国共处：21 世纪的美中关系.田斌，译.北京：新华出版社，1998：168–170.

查显示，对中国"很有好感"和"较有好感"的比例上升到41%，而"较无好感"和"很无好感"的比例下降到53%。[①] 在1996年美国国会的投票中，来自波音公司所在地华盛顿州的9名议员中，仅一人对延长中国最惠国待遇投了反对票。[②] 波音等跨国公司不仅对本国民众、政府，还对其所在的重要协会组织如商业圆桌会议、美中商业联盟等积极游说。1999年，在是否给予中国永久正常贸易地位的问题上，美国商业圆桌会议主席、波音公司总裁兼CEO菲利普·康迪特（Philip M. Condit）对中美正常贸易关系发表声明，他赞扬克林顿政府为中美正常贸易关系所作出的努力，并且认为中美贸易关系是中美关系的基石，给予中国正常贸易地位将为美国在21世纪保持国际竞争力提供保障。[③]

据美国海关统计，"1989年中美双边贸易额为177亿美元，1993年猛增为400亿美元，1996年更达到635亿美元"，当时中国成为美国第四大贸易伙伴。[④] 面对中国如此快速的经济增长，以及潜力如此巨大的市场，美国企业不可能无动于衷，而是要积极行动。然而，当时中美关系的风起云涌使波音这样积极作为的公司有时也只能望洋兴叹。例如，1996年台海危机爆发，再加上美国连续宣布对中国实施贸易制裁，在这样的背景下，中国时任总理李鹏访问法国，与法国签署了15亿美元购买30架空客A320的协议。此时，波音公司的发言人辛迪·史密斯（Cindy Smith）女士说，他们对中国购买空中客车的决定深感失望；但是更重要的问题是，美国应该摆脱一年一度的最惠国问题的困扰，与中国建立长期稳定的贸易关系；波音公司支持克林顿政府为中美贸易关系正常化而作出的努

---

① 范士明. 公众舆论、新闻媒体对九十年代美国对华政策国内环境的影响 [D]. 北京：北京大学，1999：57.

② 谭融. 美国利益集团政治研究 [M]. 北京：中国社会科学出版社，2002：259.

③ 傅耀祖，周启朋. 聚焦中国外交 [M]. 北京：中共党史出版社，2000：65.

④ 王勇. 试论利益集团在美国对华政策中的影响：以美国对华最惠国待遇政策为例 [J]. 美国研究，1998（2）：60-79.

力；与中国的贸易正常化可以创造更多的就业机会，创造更多的经济利益。<sup>①</sup> 从 1995 年起，波音发起并领导了与中国贸易正常化运动。2000 年，在众议院对永久正常贸易关系法案进行投票前，波音聘请了 30 家专业工作室处理媒体事件，CEO 亲自参与了这场公关战。波音公司在《华盛顿邮报》上用 2/3 的版面通过广告进行游说，这些广告用引人注目的大标题反问美国：如果失去了中国市场，美国人将失去多少就业机会？等等。<sup>②</sup> 波音不仅自己积极游说，也充分发动相关企业共同游说。与波音公司有业务关联的"零部件制造商有 1 万多家，遍布美国 435 个选区中的 420 个"，所以波音公司总裁康迪特说："每一个零件供应商都是出口者，他们应该了解中国的重要性。……所以要发动一场全面的战役。"<sup>③</sup> 一方面，波音以公司的高层领导为核心，通过其公司所在的商业团体对国会议员和政府高层进行游说；另一方面，波音以民间组织为媒介，对美国民众进行宣传，向他们介绍美国的政策以及与中国发展经济关系的意义，从而获取民众的支持。<sup>④</sup> 康迪特在得知众议院将正式表决永久正常贸易法案后高兴地说，他相信国会作出了一个完全符合美国国家利益的决定，美国不会将中国这个拥有 13 亿人口的大市场拱手让给其他的竞争者，波音公司会竭力推动中国顺利获得永久正常贸易地位。<sup>⑤</sup>

波音并非只在中国获取永久正常贸易地位这一个事件中做中美之间的说客，而是从 20 世纪 70 年代它重新进入中国之后，就一直重视与中国政府的友好关系。有人将波音为中美关系所作出的努力罗列如下："1989 年部分西方国家对中国实行禁运，波音从中斡旋；1999 年美国轰炸

① 李希光，刘康.妖魔化中国的背后 [M].北京：中国社会科学出版社，1996：293.

② Boeing advertisements[N].Washington Post，2000-05-16.

③ Bradsher K.Rallying round the China bill，hungrily[N].New York Times，2000-05-21.

④ 刘杨.波音公司对中美关系的作用 [J].当代亚太，2004（1）：36-43.

⑤ Schachter J.The business roundtable welcomes announcement of China PNTR vote [EB/OL].（2000-04-05）[2021-02-02].http：//lobby.la.psu.edu/040_PNTR/Organizational_Statements/BRTable/Welcomes.htm.

中国驻南联盟大使馆，中美关系陷入僵局，也有波音的院外公关；中国加入世贸组织（WTO）之际，波音更是联合 200 家美国公司游说美国政府，支持中国加入 WTO；2001 年中美撞击事件，波音成功斡旋。"[1] 波音能够在两个大国之间起到桥梁与沟通的作用，与其特殊的商业地位密不可分。一方面，它不得不受到国家间政治关系的影响；另一方面，它又通过调和国家间政治关系追求自身的经济利益。

波音与中国有着几十年的历史渊源，它是最早进入中国的美国公司之一。1972 年的尼克松访华具有历史意义，他开启了中美关系的新篇章，波音也由此进入中国市场。当年，中国首次订购 10 架波音 707 客机。1979 年 1 月，时任国务院副总理的邓小平率团访问美国，这是自中美两国建交后，双方高层领导人的第一次国事访问。邓小平访问的最后一站是西雅图，并且在西雅图访问的重点是参观波音公司。时隔 14 年后，时任国家主席江泽民在西雅图出席亚太经合组织会议之前访问了波音。1993 年江泽民主席的访问是自 80 年代末美国对中国实施经济制裁、中美关系陷入低谷后的一次破冰之旅，由此也掀开了中国航空公司的又一波购机热潮。2006 年，时任国家主席胡锦涛也访问波音公司，这是他首次赴美进行国事访问的第一站——西雅图。胡锦涛在波音公司的讲话中说："中国同波音公司的合作堪称中美贸易合作互利双赢的真实写照。"[2] 中国已经取代欧洲，成为美国之外波音公司的第二大市场，并且是增长最快的市场。[3]2015 年，波音公司发布《2015 年中国市场展望》报告，"预测未来 20 年中国将需要 6330 架新飞机，总价值约 9500 亿美元"，并且预测中国将在 2030 年超过美国成为全球最大民航运输市场。[4]

---

① 梁宵.波音：中美经贸棋子？靶子？[N].中国经营报，2010-02-22.

② 波音中国画册 [EB/OL].[2021-02-02].http://www.boeing.cn/boeinginchina/introduction/brochure.html.

③ 波音在华 40 年 [EB/OL].[2021-02-02].http://www.boeing.cn/boeinginchina/introduction/.

④ 刘亚力.未来 20 年中国需要 6330 架飞机 [N].北京日报，2015-08-26.

不管从历史还是现实来看，波音需要中国潜力巨大的市场，中国也需要波音公司等跨国公司的技术，中美两国是相互需要的利益共同体。所以，巨大的存量利益和可观的增量利益会成为两国关系的稳定器。今天，中国经济和中国市场的规模要远远大于 20 世纪 90 年代，在这样的经济背景下，波音等跨国公司仍会继续发挥它们的游说作用。2014 年，波音在全球斩获 1432 架飞机订单，其中来自中国市场的飞机订单超过 400 架，占其全球市场份额的 30% 左右。[①] 在波音、空客两雄争霸的环境下，飞机订单背后都有政治考量。所以，波音有时就是中美关系的晴雨表，是天空中的中美外交平衡。

## 二、通过跨国公司实现结构型经济激励

下面我们将视角从历史拉回现实。波音为中国永久正常贸易地位游说的事件发生在世纪之交，那么，进入 21 世纪，在中国市场潜力更加显现、中美经济相互依赖更加深刻的今天，两国之间又会形成怎样的结构性相互依赖呢？根据这种相互依赖的态势，中国又可以寻找什么样的突破口来施加结构型经济激励的影响呢？

### 1. 中美经济相互依赖的态势

对于中美经济相互依赖的态势，不同的学者给出了不同的判断。第一种观点认为，中美经济关系呈现明显的非对称特点，中国对美国的依赖程度大于美国对中国的依赖程度。一些学者给出定性的判断，认为不对称相互依赖是美国对华政策的重点[②]；一些学者从双边"资本依存度"、双边资本流动结构、双边资本循环对两国经济的影响等方面，运用经济数据来说明在金融方面，中国对美国的依赖程度要远远超过美国对中国

---

① 柴莹辉. 波音在中国不仅是卖飞机 [N]. 中国经营报，2015–03–30.
② 王帆. 不对称相互依存与合作型施压: 美国对华战略的策略调整 [J]. 世界经济与政治，2010（12）: 31–53.

的依赖程度。① 第二种观点认为，中美两国之间已经形成了经济共生关系。这种观点以唐小松为代表。他认为，共生经济是指这样一种经济关系：两国之间的经济交流发展到一定程度后，相互之间的渗透越来越多，并且以这种较为稳定的方式继续发展，经济领域的影响甚至会蔓延到政治、社会等其他领域。② 最初，唐小松把中美经济的共生关系界定为对称性互惠共生③；之后他又有所修正，认为中美经济共生关系是不对称的，中国对美国的总体依赖程度更高，但这种共生模式正不断朝着相对对称的方向演变。④ 第三种观点比较折中，认为从现阶段来看，中美之间还是一种非对称相互依赖的状态，中国对美国的依赖要大于美国对中国的依赖，但是这种非对称的相互依赖也开始不断出现对称性变化的趋势。雷达、赵勇、宋国友均从中美双边贸易依存度、双边贸易结构、中国持有美国国债的情况等方面分析中美相互依赖的非对称性和对称性。⑤ 吴心伯将中美两国之间经济相互依赖的状态概括为两个特点：一是相互依赖结构的多元性，二是相互依赖的对称性。⑥ 从时间这个纵向的维度来看，美国对中国的依赖性在不断增强，并且增长的幅度也是相当明显的。

对于中美之间相互依赖的态势，本书更倾向于第三种观点，即承认中美之间非对称相互依赖的存在，同时也看到其对称性的趋势。下面，本书将通过中美之间的贸易数据加以佐证。本书将用 3 个方面的数据、6 个指标来展示中美经济相互依赖的态势（见表 3-1），包括中国对美出口

---

① 项卫星，王达.论中美金融相互依赖关系中的非对称性 [J].世界经济研究，2011（7）：10-16.

② 唐小松，邓凤娟.中美经济共生关系趋向对称性 [J].国际问题研究，2010（2）：39-43.

③ 唐小松.中美经济共生关系下的战略互需及选择 [J].现代国际关系，2007（2）：36-39.

④ 唐小松，邓凤娟.中美经济共生关系趋向对称性 [J].国际问题研究，2010（2）：39-43.

⑤ 雷达，赵勇.中美经济相互依存关系中的非对称性与对称性：中美战略经济对话的经济基础分析 [J].国际经济评论，2008（2）：29-33；宋国友.中美经贸关系中的不对称性：基于数据的分析 [J].世界经济与政治论坛，2007（3）：33-39.

⑥ 吴心伯.中美经贸关系的新格局及其对双边关系的影响 [J].复旦学报：社会科学版，2007（1）：1-10.

占中国出口总额的比重、美国对华出口占美国出口总额的比重、中美贸易占中国贸易总额的比重、美中贸易占美国贸易总额的比重、中美贸易占中国 GDP 的比重、美中贸易占美国 GDP 的比重。通过表 3-1 的数据可以分析得出：第一，中国对美国的依赖依然大于美国对中国的依赖。这表现在出口占比、贸易额占比、贸易额占 GDP 的比重 3 个方面。例如，中国对美国的出口占比要远大于美国对中国的出口占比；中美贸易占中国 GDP 的比重也一直大于美国的此比重；中美贸易占中国贸易总额的比重在 2005 年之前也明显大于美国的贸易占比，而在 2006 年之后两者渐趋均衡，并且中国的比重逐渐变小，且在近几年小于美国。同样可以从表 3-1 的数据中得出的第二个结论是：中国对美国的依赖保持平稳，甚至有些指标出现了下降，而美国对中国的依赖持续增长。对 1994—2014 年的每一列数据按照年份递增进行观察可以发现：中国的出口占比和贸易占比不断下降，贸易额占 GDP 的比重持续增长至 2006 年后又持续下降；而美国这 3 个方面的数据均是持续增长，且 1994—2014 年，美国这 3 项指标的涨幅均超过 200%~300%。由此我们不难得出这样的结论：总的来看，中国对美国的依赖仍然大于美国对中国的依赖，但是中国对美国的依赖程度保持稳定并有所下降，而美国对中国的依赖程度持续上升，因此中美之间的相互依赖有对称性变化的趋势。

从贸易额看，中美已经互为第二大贸易伙伴。据商务部统计，2010 年中美双边贸易额达 3853.4 亿美元，是 1979 年中美建交时的 150 多倍。2010 年，美国是中国的第二大贸易伙伴、第二大出口市场、第六大进口来源地。中国是美国的第二大贸易伙伴、第三大出口市场、第一大进口来源地。[①]虽然中国在贸易上对美有大量顺差，但美国企业赢得了主要利润。2015 年 4 月，中国再度增持 24 亿美元的美国国债，持仓达到 1.26

---

① 数据来源：中华人民共和国商务部 . 投资美国指南（第二章）[R].2012-02-13.

表 3-1　中美经济相互依赖的态势

单位：%

| 年份 | 对美国出口占中国出口总额的比重 | 对华出口占美国出口总额的比重 | 中美贸易占中国贸易总额的比重 | 美中贸易占美国贸易总额的比重 | 中美贸易占中国 GDP 的比重 | 美中贸易占美国 GDP 的比重 |
|---|---|---|---|---|---|---|
| 1994 | 17.75 | 1.81 | 14.95 | 4.21 | 6.29 | 0.69 |
| 1995 | 16.62 | 2.02 | 14.54 | 4.45 | 5.58 | 0.79 |
| 1996 | 17.68 | 1.92 | 14.79 | 4.61 | 4.98 | 0.82 |
| 1997 | 17.91 | 1.86 | 15.08 | 4.96 | 5.12 | 0.91 |
| 1998 | 20.66 | 2.10 | 16.93 | 5.50 | 5.35 | 0.98 |
| 1999 | 21.55 | 1.89 | 17.05 | 5.76 | 5.64 | 1.04 |
| 2000 | 20.93 | 2.08 | 15.71 | 6.08 | 6.18 | 1.20 |
| 2001 | 20.43 | 2.63 | 15.81 | 6.73 | 6.05 | 1.21 |
| 2002 | 21.51 | 3.18 | 15.68 | 8.21 | 6.66 | 1.42 |
| 2003 | 21.14 | 3.93 | 14.87 | 9.45 | 7.67 | 1.67 |
| 2004 | 21.09 | 4.25 | 14.72 | 10.47 | 8.75 | 2.00 |
| 2005 | 21.42 | 4.63 | 14.90 | 11.44 | 9.34 | 2.30 |
| 2006 | 21.03 | 5.33 | 14.95 | 12.21 | 9.64 | 2.61 |
| 2007 | 19.11 | 5.61 | 13.91 | 12.75 | 8.59 | 2.80 |
| 2008 | 17.67 | 5.50 | 13.05 | 12.35 | 7.34 | 2.91 |
| 2009 | 18.42 | 6.58 | 13.55 | 14.26 | 5.91 | 2.63 |
| 2010 | 17.99 | 7.19 | 13.00 | 14.32 | 6.40 | 3.05 |
| 2011 | 17.12 | 7.03 | 12.31 | 13.65 | 5.98 | 3.24 |
| 2012 | 17.20 | 7.15 | 12.57 | 14.04 | 5.75 | 3.32 |
| 2013 | 16.71 | 7.72 | 12.56 | 14.62 | 5.51 | 3.35 |
| 2014 | 16.95 | 7.64 | 12.95 | 14.89 | 5.38 | 3.39 |

资料来源：根据世界银行世界贸易整合数据库（World Integrated Trade Solution）的数据整理计算。

万亿美元，仍然是美国的"最大债主"。① 所以从金融方面看，美国因中国持有最多美国国债而依赖中国，其巨大财政赤字要靠中国持有的国债来弥补，但是中国巨额外汇储备的价值也因此受制于美元币值。这些数据都或多或少地表明，中美之间的相互依赖开始出现对称性变化的趋势。从以上分析可以看出，虽然中美贸易结构不平衡，但中美之间经济利益大体是平衡的。②

　　相互依赖水平的进一步提高和对称化意味着美国在中国拥有更为巨大的存量经济利益，这些利益将制约美国的对华遏制冲动，只有稳定的中美关系才能维护美国在中国的存量经济利益。中美两国的经济关系是两国总体关系的"压舱石"③，这是国家主席习近平 2013 年 3 月在会见美国总统特别代表、财政部部长雅各布·卢（Jacob Lew）时特别指出的。这种说法揭示了结构性相互依赖对中美关系的稳定所产生的重要作用。就在 21 世纪之初，中国需要美国大于美国需要中国的说法还比较盛行，但如今人们越来越强烈地意识到，美国同样需要中国。"在经济领域，中美的相互依赖更为突出"，"中美已经成为一对'连体婴儿'，你中有我，我中有你"。④ 中美经济相互依赖的程度之深甚至使有些学者创造出了"中美国"（Chimerica）一词。总之，相互依赖是一种无形的力量，将两个国家捆绑在一起，这种相互依赖的态势一旦形成则很难撼动，并且其渗透力也会愈发强大。美国在中国的存量利益越大，两国之间形成的利益共存结构就会越牢固，就会使双方在作出政治决策时越来越多地加入经济考量。当这种经济依赖的态势起到让对方政治外交行为朝着更符合我方利益的方向改变时，结构型经济激励便起到了应有的作用。

　　① 　中国 4 月再度增持美国国债仍为美国"最大债主"[EB/OL].（2015–06–16）[2015–12–01].http：// finance.ifeng.com/a/20150616/13778951_0.shtml?url_type=39&object_type=webpage&pos=1.

　　② 　王勇. 中美经贸关系 [M]. 北京：中国市场出版社，2007：134.

　　③ 　李伟红. 中美经济关系以尊重为前提以合作为途径以共赢为目标 [N]. 人民日报，2013–03–20.

　　④ 　傅梦孜. 中国也需"话语权" [J]. 世界知识，2006（3）：38–39.

2. 通过跨国公司影响美国外交政策

　　跨国公司能够成为外交影响的传递渠道是由其自身的性质决定的。这个性质就是指它兼具民族性和全球性的双重属性。民族性是指"没有不属于任何一个国家的跨国公司"，即它的国籍；全球性是指"没有局限于某一个国家的跨国公司"，即它的生产经营网络。[①] 跨国公司的国家属性决定了它在大部分时候与母国的国家利益是一致的。对于母国来说，跨国公司是母国经济实力的重要组成部分，母国也把跨国公司作为其推行对外政策的工具。但是跨国公司的国际性决定了其利益的分散性。这就是说跨国公司的利益并非完全集中在母国，而是向它的众多东道国扩散。这就导致了跨国公司与母国有较大部分的利益重合，同时与东道国也有较小部分的利益重合（见图 3-1）。由图 3-1 可以看出，跨国公司如同一座桥梁，联结起了母国和东道国之间的利益和政策。跨国公司与母国之间既有利益的耦合，也有利益的冲突。因为跨国公司作为营利性经济组织，其根本目标在于追求利润的最大化，而国家却是把生存、安全等政治目标作为第一要务。所以，跨国公司与母国之间有利益的冲突也是理所当然的。同样，跨国公司与对象国之间也是既有利益的契合，又有利益的斗争。跨国公司旨在提高全球竞争力、追求利润最大化，而东道国的根本目标是促进本国经济发展、提高民众福祉。跨国公司联结母国和东道国的基础在于它与双方都有密切的利益关系。跨国公司的这种"双边黏性"把三者黏合在一起，构成了母国、跨国公司、东道国之间的三角相互依赖关系（见图 3-2）。[②]

---

① 韩朝东 . 论跨国公司的权力性质及其对世界政治的影响 [J]. 世界经济与政治，1996（11）：13-16.

② 斯托普福德，斯特兰奇 . 竞争的国家 竞争的公司 [M]. 查立友，等译 . 北京：社会科学文献出版社，2003：23-27.

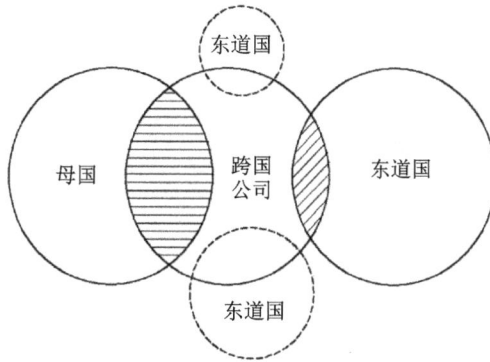

**图 3-1　跨国公司与母国、东道国的利益重合**

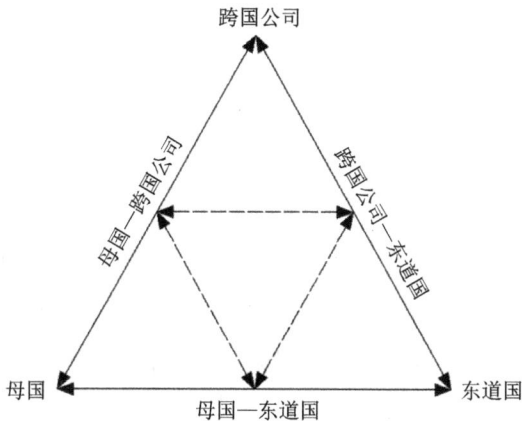

**图 3-2　跨国公司、母国、东道国形成的三角关系**

从理论上看，这种相互依赖关系使跨国公司影响外交政策具有可行性。另外，从现实上来看，美国国内选举政治、利益集团政治的特点使跨国公司影响外交政策具有可操作性。然而，并不是所有的跨国公司都能够起到影响外交政策的作用，只有那些既在中国拥有巨大的利益存在，又在美国国内有足够的政治影响力的跨国公司才有意愿和能力影响美国的外交政策。

# 第四章　扩散型经济激励

扩散型经济激励属于本国主动给予对象国增量利益的形式。与其他经济激励不同的是，扩散型经济激励的作用对象是一个群体而非个体；扩散型经济激励的作用目的不在于改变对象国在特定问题上的政策立场，而是旨在发展友好关系、提升国家形象；扩散型经济激励的作用效果在短期内是不显著的，而要放在更长的时段中进行观察。对于一个具有经济实力的大国来说，扩散型经济激励的政治意义在于通过经济利益换取政治支持，因为更多的伙伴、朋友意味着更广阔的外交空间。本章将逐次给出扩散型经济激励的概念，分析扩散型经济激励的作用机制，并以中国对非洲的援助为案例讨论中国为何以及如何实施扩散型经济激励。

## 第一节　扩散型经济激励的概念

扩散型经济激励指通过给予对象国广泛的增量经济利益来提升中国国家形象，发展对外关系，其目的不是影响对象国在特定领域的政策和行为。扩散型经济激励中的"扩散"，一方面意味着这种经济激励方式的对象不止一个，而是一个群体；另一方面，意味着这种经济激励方式的针对性不是特别强，它的作用目标具有分散性。本书对扩散型经济激励的思考既来源于基欧汉对互惠（reciprocity）进行分类的启发，也来源于中国传统文化在外交中的体现。下面从理论来源和文化渊源两方面来分析扩散型经济激励的概念。

## 一、扩散型经济激励的理论来源

基欧汉把互惠分为特定的互惠（specific reciprocity）和弥散的互惠（diffuse reciprocity）两种。特定的互惠是指行为体与其特定的伙伴之间按照严格限定的程序交换价值相等的东西；弥散的互惠是指行为体与其一群伙伴（并非一个特殊的伙伴）按照并非严格限定的程序交换价值并非精确相等的东西。[①] 受到这种分类方法的启发，本书把经济激励分为指向型和扩散型。指向型经济激励有特定的作用对象、特定而明确的目标；扩散型经济激励的作用对象则是一个群体，没有特定的作用目标。从作用效果来看，指向型经济激励的效果在短期内就可以达到，扩散型经济激励的作用效果则是长期且不显见的。

之所以根据互惠的思想来思考吸引性经济权力，是因为吸引性经济权力从本质上来说也是一种互惠、一种交换。本国给予对象国经济利益包含着希望从对象国得到一定的政治利益。虽然对于本书所研究的吸引性经济权力来说，有些交换行为是明确的（如指向型经济激励等），有些交换行为是暗含的（如扩散型经济激励），有些交换行为是自动的（如结构型经济激励），有些交换行为是人为的（如施压型经济激励等），但归根结底来说，把国际关系视为一系列交换行为的总和并不为过。[②]

对社会交换理论有深入研究的彼得·布劳（Peter M. Blau）区分了社会交换和经济交换。他认为，经济交换一般依靠一份正式的合同，合同规定了要交换的确切数量，社会交换则没有明确规定对方应履行的义务。

---

① Keohane R O.Reciprocity in international relations[J].International Organization，1986，40（1）：1-27.

② Larson D W.Exchange and reciprocity in international negotiations[J].International Negotiation，1998，3（2）：121-138.

虽然社会交换也包含了对未来得到回报的期许，但是由于没有明确规定，所以回报与否、回报多少由对方自己决定。另外，社会交换也没有经济交换那样确定的交换媒介和准确的交换价格，所以这也使人们对社会交换的价值不能加以精确衡量。① 扩散型经济激励同社会交换一样，也很难对其交换的价值进行衡量。虽然扩散型经济激励给予的是经济利益，这个可以加以准确衡量，但是扩散型经济激励的另一端——政治回报——很难加以准确衡量，这就决定了扩散型经济激励的作用效果在一定程度上是很难测量的，扩散型经济激励的作用边界是相对模糊的。

综上所述，扩散型经济激励是根据互惠的分类和社会交换的思想得出的概念。虽然有交换渗透其中，但是扩散型经济激励是一种松散的交换，是一种互惠互利的交换，多运用在中国与发展中国家之间的经济交往中。

## 二、扩散型经济激励的文化渊源

文化有时代性，也有民族性。② 文化的民族性决定了一个国家的行为方式受到本国文化传统的深刻影响。统治本身以及每个民族国家外交政策的制定都在一定的文化背景之下实现。③ 中国的文化传统源于儒家文化，中国的外交方式也体现出儒家文化中庸、和合的特点。扩散型经济激励的主旨是给予对象国广泛的增量利益，不附加任何条件，也不斤斤计较回报的多寡，而只是为了发展友好关系。随着中国经济实力的增强，中国主动承担了越来越多的国际责任。扩散型经济激励体现了中国古已有之的博大胸怀和担当意识。

---

① 布劳.社会生活中的交换与权力 [M]. 李国武，译.北京：商务印书馆，2012：156–164.

② 张岱年.国学要义 [M].北京：北京大学出版社，2012：17.

③ Lovell J P.The United States as ally and adversary in East Asia reflections on culture and foreign policy [M]// Chay J, ed.Culture and International Relations.New York：Praeger Publishers，1990：89.

1."重义轻利"的义利观

对义利关系的处理集中体现了中国伦理道德的价值取向。[①] 义是指"人类生活道德价值的衡量尺度，是人类道德的内在本质"；利则是指现实的个人利益，即"人欲之私"。[②] 儒家思想认为道义比利益更重要，因此形成了"重义轻利"的义利观。如孔子强调见利思义，并把它作为区分君子小人的标准，"君子喻于义，小人喻于利"。孟子认为，如果"生"与"义"不可兼得，则"舍生而取义"。荀子也明确提出，"先义而后利者荣，先利而后义者辱"。从这些表述可以看出，古代先贤似乎是推崇"义"而贬低"利"。其实这种认识并不全面，应该说，义和利既有矛盾的一面也有统一的一面。王夫之在批判继承传统义利观的基础上提出了辩证的义利观："立人之道曰义，生人之用曰利。出义入利，人道不立；出利入害，人用不生。"[③] 这就是说，义和利都很重要，但是"利居先，义居后"，"义居本，利居末"。[④] 只有在义的制约和规范之下的利才是正当的。

义利观不仅体现在传统文化中，也传承到我们现代的生活中。义利观"不仅是指导个人为人处世的重要原则，也是指导国家处理国际关系的重要原则"[⑤]。正确义利观是习近平主席 2012 年访问非洲时提出的。他指出："义，反映的是我们的一个理念，共产党人、社会主义国家的理念。这个世界上一部分人过得很好，一部分人过得很不好，不是个好现象。真正的快乐幸福是大家共同快乐、共同幸福。我们希望全世界共同发展，特别是希望广大发展中国家加快发展。利，就是要恪守互利共赢原则，不搞我赢你输，要实现双赢。我们有义务对贫穷的国家给予力所能及的帮助，有

① 张岱年，方克立. 中国文化概论 [M]. 北京：北京师范大学出版社，2004：216.
② 朱玉红. 王夫之对传统义利观的继承与辩证分析 [J]. 东疆学刊，2001（3）：58-61.
③ 王夫之. 尚书引义 [M]. 北京：中华书局，1976：41.
④ 王泽应. 王夫之义利思想的特点和意义 [J]. 哲学研究，2009（8）：54-58.
⑤ 杨洁篪. 新形势下中国外交理论和实践创新 [J]. 求是，2013（16）：7-10.

时甚至要重义轻利、舍利取义，绝不能唯利是图、斤斤计较。"① 其实，中国在外交实践中也一直践行着重义轻利、先义后利、取利有道、义利统一的义利观。例如，中华人民共和国成立之初，中国在自身经济困难之时仍然援建的坦赞铁路，以及 2012 年落成的非盟会议中心，是继坦赞铁路后中国政府对非洲最大的援建项目，还有中国向亚非拉 66 个国家和地区派出的共计 2.3 万人次的医疗队员，都是中国外交中正确义利观的体现。因此，外交部部长王毅就指出，正确义利观成为新时期中国外交的一面旗帜。②

在外交工作中要以正确义利观为引导，特别是对发展中国家和周边国家。2013 年 10 月，习近平主席在周边外交工作座谈会上指出："要坚持正确义利观，有原则、讲情义、讲道义，多向发展中国家提供力所能及的帮助。"③ 2014 年 7 月，习近平主席在韩国首尔大学演讲时再次强调义利观的重要性。他引用《大学》里的一句话——"国不以利为利，以义为利也"来阐述国际关系中义和利的关系，并且指出："只有义利兼顾才能义利兼得，只有义利平衡才能义利共赢。"④

由以上分析可以看出，实行扩散型经济激励是中国发挥吸引性经济权力的必然选择，因为传统文化的义利之辨为中国外交埋下了重义轻利的根基。正是这种根深蒂固的思想基础使中国外交区别于"利益至上"的西方外交。正是数千年的义利观念使中国在使用经济手段时重吸引而少强制，能够慷慨地给予他国大量的经济利益而不图一时一事的回报。这

① 王毅. 坚持正确义利观积极发挥负责任大国作用：深刻领会习近平同志关于外交工作的重要讲话精神 [N]. 人民日报，2013-09-10.

② 王毅. 坚持正确义利观是中国外交的一面旗帜 [EB/OL].（2014-01-11）[2021-02-02].http：//news.xinhuanet.com/world/2014-01/11/c_118923106.htm.

③ 钱彤. 习近平在周边外交工作座谈会上发表重要讲话 [EB/OL].（2013-10-25）[2021-02-02].http：//politics.people.com.cn/n/2013/1025/c1024-23332318.html.

④ 习近平在韩国国立首尔大学的演讲（全文）[EB/OL].（2014-07-04）[2021-02-02].http：//www.xinhuanet.com/world/2014-07/04/c_1111468087.htm.

些应该是经济权力运用中的中国特色。

2. "修己以安人"的责任意识

中华民族的责任意识来源于古已有之的天下观。中国传统文化中的"天下观"具有内敛、"德化"和"非战"的特点。[①]"四海之内皆兄弟"的天下观让中国人在思考群己关系时不仅考虑自己，也考虑他人。这就是推己及人的观念，即"己欲立而立人，己欲达而达人"。在儒家文化里，个人并不是单独存在的，而是作为群体的一员存在于社会上，这就要求个人在实现自我价值之外，还要承担相应的社会责任。因此，古人有"穷则独善其身，达则兼济（善）天下"的追求。中国传统文化中的群己关系、责任意识可以总结为"修己以安人"的思想。"修己"是指修炼自我的涵养，"安人"是指使社会安定和发展。[②]修己是安人的前提，但是修己并不是最终目的，而要由己及人，使个体超越自身进而关注整个群体的发展。

将"修己以安人"的责任意识引申到中国外交的理念中就是说，中国自己富强了，也要帮助他国富强。中国的发展应该与世界的发展结合起来，应当以自身的发展带动他国的发展，又以他国的发展作为自己的发展机会。[③]这是一种互利互惠的责任意识。"负责任大国"这一说法虽然是近些年中国崛起之后经常用到的概念，但是从历史上看，中国在自己仍然比较落后的时期依然有对世界负责的观念和做法。早在20世纪初，孙中山先生就说过："中国如果强盛起来，我们不但是要恢复民族的地位，还要对于世界负一个大责任。"[④]毛泽东在纪念孙中山先生的文章中说："再过四十五年，就是二千零一年，也就是进到二十一世纪的时候，中国的面目更要大变。中国将变成一个强大的社会主义工业国。……中国应

---

① 何新华. 试析古代中国的天下观 [J]. 东南亚研究，2006（1）：50–54.

② 张岱年，方克立. 中国文化概论 [M]. 北京：北京师范大学出版社，2004：312–313.

③ 刘鸿武，黄梅波. 中国对外援助与国际责任的战略研究 [M]. 北京：中国社会科学出版社，2013：3.

④ 孙中山选集 [M]. 北京：人民出版社，1981：691.

当对于人类有较大的贡献。"①

也正如前人所预测的，不管是在经济困难的时期还是在经济强大之后，中国都勇于担当国际责任。中华人民共和国成立不久，中国在自身财力十分紧张、物资相对匮乏的情况下，开始对外提供经济、技术援助，持续至今。当时，中国的国际责任感主要表现在对亚非国家民族解放运动和国家发展事业的积极支持。1997年亚洲金融危机成为中国"负责任大国理念全面形成的重要契机和关键推动力"②。亚洲金融危机爆发后，中国领导人在诸多场合表示中国要成为负责任大国，不仅宣布人民币不贬值，而且对东南亚国家"提供不附带任何条件的紧急经济援助"③。20世纪90年代以后，中国越来越多地参与到多边国际事务中。甚至还有学者指出，中国开始了"新外交"，他们认为，"中国外交政策部门开始把本国看作一个具有各种利益并负有各种责任的新兴强国"，而不是发展中国家。④2011年发布的《中国的和平发展》白皮书明确地提出中国秉持积极有为的国际责任观，并宣告"随着综合国力的不断增强，中国将力所能及地承担更多国际责任"⑤。新一届领导集体也十分重视中国的国际责任。例如，习近平主席在韩国国立首尔大学的演讲中就提出，中国"既要让自己过得好，也要让别人过得好"⑥。中国一直秉承这样的观点，即在实现自身发展的同时带动其他国家的发展，中国与各国共享发展机遇。

"修己以安人"的思想使中国的责任意识得以传承。正是这种责任意

---

① 毛泽东.纪念孙中山先生[M]//毛泽东文集（第七卷）.北京：人民出版社，1999：156-157.

② 李宝俊，徐正源.冷战后中国负责任大国身份的建构[J].教学与研究，2006（1）：49-56.

③ 邢悦，詹奕嘉.负责任大国：理论、历史与现实[J].复旦国际关系评论，2008：80-93.

④ Medeiros E S, Fravel M T.China's new diplomacy[J].Foreign Affairs，2003，82（6）：22-35；梅代罗斯，弗雷维尔.中国的新外交[J].顾il，译.国外社会科学文摘，2004（5）：7-12.

⑤ 中华人民共和国国务院新闻办公室.《中国的和平发展》白皮书[A/OL].（2011-09-06）[2021-02-02].http://www.gov.cn/zhengce/2011-09/06/content_2615782.htm.

⑥ 习近平在韩国国立首尔大学的演讲（全文）[EB/OL].（2014-07-04）[2021-02-02].http://www.xinhuanet.com//world/2014-07/04/c_1111468087.htm.

识使扩散型经济激励的运用具有可能性，因为中国提供的经济利益不仅不附带任何政治条件，并且还有大国责任的自我要求在里面。正如国家主席习近平所讲的："作为大国，意味着对地区和世界和平与发展的更大责任，而不是对地区和国际事务的更大垄断。"①中国对吸引性经济权力的运用，特别是扩散型经济激励的方式，不只是关注利益交换，更关注国际责任和国际道义。

## 第二节 扩散型经济激励的作用机理

根据扩散型经济激励的概念，本国给予他国经济利益，其目的是发展与他国的友好关系，得到他国的政治支持等。如果将这个关系链条进行抽象，就可以简化为以本国的经济资源换取他国的政治资源。这正是社会交换理论所讲的，一切社会关系都是交换关系，大家相互交换手中有用的资源。从社会交换论的视角可以解释扩散型经济激励的作用机理及其特点。但是本书所定义的扩散型经济激励又不仅仅是一种交换关系，它也是以经济吸引力构建国家软实力的一种手段。因为其中包含了中国的责任意识和大国理念。所以本书认为，从利益和道义双维视角，运用社会交换和软权力两种理论方能更全面地解释扩散型经济激励的作用机理。

### 一、社会交换理论

社会交换理论形成于20世纪60年代，它在借鉴古典经济学、人类学、行为主义心理学等多个学科研究成果的基础上发展起来。社会交换理论的形成源于这样一个问题，即如果人们只追求各自狭隘的利益，那

---

① 习近平主席在博鳌亚洲论坛2015年年会上的主旨演讲（全文）[EB/OL].（2015-03-29）[2021-02-02]. http://www.xinhuanet.com/politics/2015-03/29/c_127632707.htm.

么又是什么社会力量把他们凝聚在一起呢？随后，许多社会学家对古典经济学和功利主义进行批判，他们认为：人并非纯粹理性的，他们确实会计算成本收益，但是并非追求绝对的利润最大化；人们在交易中的获利情况受到其拥有的资源的限制；另外，人们在交易中追逐物质利益，但是他们也交换非物质性的资源，如情感、服务、符号等。[①] 在此基础上，社会交换理论指出，人类的交往活动受到奖励和报酬的驱使而彼此交换资源。下文将详细论述社会交换的概念和特点，以及扩散型经济激励可以从社会交换理论中汲取的学术营养。

不同的学者对社会交换的概念都有自己的理解和界定。迈克尔·E.罗洛夫（Michael E. Roloff）认为，交换是指某物从甲方转移到乙方，以换取他物。[②] 以此为基础，社会交换就是指"某物或某项活动从甲方自愿地转移到乙方，以换取他物或他项活动"[③]。布劳认为，社会交换指的是人们受回报所激励作出的自愿行为，这种回报是人们期望从别人那里得到的，并且一般来说确实也从别人那里得到了的。[④] 拉尔逊（Deborah W. Larson）则把社会交换界定为使双方满意并受益的行为。她说，双方都能够受益是指任何一方的收益都大于其成本，否则交换不能进行。[⑤] 从这些概念界定可以看出，社会交换具有明显的收益指向，尽管有些收益是预期的，有些收益是已经得到的。从收益这个核心概念来看社会交换，那么它首先需要行为体双方都拥有可供交换的资源，继而要双方的收益—成本基本上达到一种均衡状态，社会交换方可持续。总的来看，社会交换具有以下几个特点。

---

① 特纳.社会学理论的结构[M].邱泽奇，等译.北京：华夏出版社，2001：258-260.

② 罗洛夫.人际传播：社会交换论[M].王江龙，译.上海：上海译文出版社，1997：7.

③ 罗洛夫.人际传播：社会交换论[M].王江龙，译.上海：上海译文出版社，1997：15.

④ Blau P M.Exchange and Power in Social Life[M].New York：John Wiley & Sons，Inc.，1964：91.

⑤ Larson D W.Exchange and reciprocity in international negotiations[J].International Negotiation，1998，3（2）：121-138.

第一，社会交换受利益的驱使。关于人们为什么进行社会交换，罗洛夫给出的答案是，自我利益是社会交换的指导力量。他进而又把自我利益界定为从他人那里谋取自己喜好的资源的倾向。[①] 他认为，自我利益可以是恶意的，也可以是善意的。就像有些人只关注自己获利的多少，而有些人在关注自己的回报和代价的同时，也会关心他人的回报和代价。但归根结底，人们是出于获取利益而进行交换，并且"自我利益事实上将促进人际关系的发展"[②]。利益是社会科学最核心的概念之一，它在社会交往中的重要性毋庸置疑。利益的根源性得到了社会交换理论研究者的普遍承认。布劳也认为："个体们之所以相互交往，是因为他们都会从中获益。"[③]

第二，社会交换是一种互惠互利的行为。社会交换是一种"介于纯粹利己和纯粹利他之间的互惠互利的行为"[④]。人们相互交换资源，并且把得到想要的资源视为回报。罗洛夫说："一种理想的关系，看来是双方均能为对方带来充分的利益，以至于这种关系成为双方获得满足的可靠来源。"[⑤] 麦考尔和西蒙斯认为："回报的可靠性是将两个人结合在一种关系里的主要纽带。"[⑥] 由此可见，社会交换是行为体之间付出—回报的互动平衡。基欧汉和罗伯特·M.阿克塞尔罗德（Robert M. Axelrod）都倡导重视互惠在促进合作中的重要作用。[⑦] 基欧汉把互惠定义为价值基本均等的交换，其中每一方的行为都视他方先前的行为而定，以善报善、以恶报

① 罗洛夫.人际传播：社会交换论 [M].王江龙，译.上海：上海译文出版社，1997：19-20.

② 罗洛夫.人际传播：社会交换论 [M].王江龙，译.上海：上海译文出版社，1997：6.

③ 布劳.社会生活中的交换与权力 [M].李国武，译.北京：商务印书馆，2012：53.

④ 丁韶彬.大国对外援助：社会交换论的视角 [M].北京：社会科学文献出版社，2010：83.

⑤ 罗洛夫.人际传播：社会交换论 [M].王江龙，译.上海：上海译文出版社，1997：3.

⑥ 罗洛夫.人际传播：社会交换论 [M].王江龙，译.上海：上海译文出版社，1997：3.

⑦ Keohane R O.After Hegemony：Cooperation and Discord in the World Political Economy[M].Princeton：Princeton University Press，1984：214；Axelrod R M.The Evolution of Cooperation[M].New York：Basic Books，1984：136-139.

恶。<sup>①</sup> 具体来看，互惠的概念又包含两个要素：一是权变性（contingency），二是对等性（equivalence）。<sup>②</sup> 权变性是指"随具体情境而变"，所以它在交换中就是以善报善、以恶报恶、以合作回报合作、以欺骗回报欺骗；对等性是指双方进行等价值的交换，这种价值只能是大致相等，因为它很难进行精确的计算。不过这种交易要从长远来看待，因为收益"并非在任何时段都是均衡的，然而，最终收益必须对等的原则却是贯彻始终的"<sup>③</sup>。从以上分析可以看出，人们的交往活动归根到底是一种社会交换，并且这种交换是互利的。人们会报答别人给予自己的好处，当然在给予别人好处之后也会期望得到回报。

第三，社会交换的延时性和弥散性。延时性是指社会交换中的回报不是即时的，而是要在得到好处一段时间之后偿还。另外，社会交换也不是一次性交易，而是一个反复博弈的过程。除了报酬的时间滞后之外，社会交换对利益的衡量具有弥散性。弥散（diffuse）在这里是与特定（specific）相对的概念，即不确定、模糊的意思。<sup>④</sup> 在社会交换的过程中，受益者出于感激进行回报，施惠者出于信任给予好处。社会交换之所以依赖感激、信任等纯主观因素进行，是因为社会交换不同于经济交换，在交换发生之前并没有作出明确的义务规定。所以说社会交换没有明确的讨价还价，它"往往是社会行为者在社会规范约束下和自我利益驱动下的一种不言自明的默契"<sup>⑤</sup>。

---

① Keohane R O.Reciprocity in international relations[J].International Organization，1986，40（1）：1–27.

② Keohane R O.Reciprocity in international relations[J].International Organization，1986，40（1）：1–27.

③ 基欧汉.霸权之后：世界政治经济中的合作与纷争 [M].苏长和，等译.上海：上海人民出版社，2006：127.

④ 社会交换论明确区分了弥散与特定。基欧汉把互惠分为"特定的互惠"和"弥散的互惠"，布劳在谈到社会交换中未明确加以规定的义务时说："个体在社会交换中承受的义务只能用一般的、有点弥散的术语加以界定。"见 Blau P M.Exchange and Power in Social Life[M].New York：John Wiley & Sons, Inc.，1964：95.

⑤ 丁韶彬.大国对外援助：社会交换论的视角 [M].北京：社会科学文献出版社，2010：84.

## 二、软权力理论

扩散型经济激励不仅受到利益的驱使，也受到道义的引导。这就是说，扩散型经济激励不仅会计算收益，更多的时候它是国家展示国家形象、施展软权力的一种手段。所以，要全面地理解扩散型经济激励的作用机理，不仅要关注社会交换理论，更要从软权力理论中寻找答案。众所周知，软权力理论的创始人是美国学者奈，他的理论让我们从一个更宽广的视野去思考权力：权力不只是以武力为导向的强制，更有以文化、价值观为导向的吸引。

在奈提出软权力理论之前，就已经有学者认识到了非物质因素在外交中的重要作用。例如，爱德华·H. 卡尔（Edward H. Carr）把国际政治中的权力分为军事力量、经济力量和支配舆论的力量（power over opinion）三个方面。[①] 他认为，宣传可以作为外交政策的工具，它与军事力量和经济力量同样重要。同样，在摩根索列出的国家权力的要素中，也包括民族性格、国民士气、外交的素质、政府的素质这些无形的要素。[②] 并且在寻求权力斗争的方式中，摩根索提出了威望政策。他认为，人们通常在为生存和权力这种单纯的物质因素而斗争，然而别人对我们的看法等非物质因素同样重要。遗憾的是，这种无形而微妙的权力关系经常被忽视。摩根索所说的"别人对我们的看法"是指，"决定我们是什么的，乃是我们在自己同胞的心灵之镜中的形象（即我们的威望）"。[③] 由此看来，现实主义的大师也早就意识到，在寻求权力的过程中，单靠武力是不够的，还要靠合法合理的政策来展示自己的地位、威信和形象。随后，政治学

---

[①]　卡尔. 20 年危机（1919—1939）：国际关系研究导论 [M]. 秦亚青，译. 北京：世界知识出版社，2005：98–134.

[②]　摩根索. 国家间政治：权力斗争与和平 [M]. 徐昕，等译. 北京：北京大学出版社，2006：148–188.

[③]　摩根索. 国家间政治：权力斗争与和平 [M]. 徐昕，等译. 北京：北京大学出版社，2006：110.

家和社会学家对权力进行了更深入的研究，并相继提出了权力的第二面、权力的第三面、权力的第四面等思想，对观念、思想、社会价值、政治制度等非物质因素在权力中的作用进行了全面分析。

或许奈的软权力思想也受到上述研究的启发。奈最早提出软权力的概念是在 1990 年出版的《美国注定领导世界？——美国权力性质的变迁》和同年在《外交政策》上发表的《软权力》（"Soft power"）一文。[①] 可以说，当时奈是在批驳美国衰落论的基础上提出软权力概念的。奈认为，美国衰落的观点是错误的，因为美国有丰富的权力资源，除了人们通常看到的军事、经济力量以外，美国还有其他国家不可比拟的科技、文化、意识形态等非物质资源。军事、经济力量就是奈所说的命令性权力，即硬权力；文化、意识形态和制度则是同化性权力，即软权力。[②] 之后，奈在 2004 年出版的《软权力：在世界政治中的成功之道》（*Soft Power：The Means to Success in World Politics*）一书中又对其软权力思想做了进一步阐释，并且把软权力的来源修正为文化、政治价值观念和外交政策三个方面。[③] 而此时奈的软权力思想的国内政治背景主要是批评"9·11"事件之后小布什政府滥用硬权力的做法。此时，奈依然强调软权力的作用，因为他认为，"如果一个国家的文化和意识形态具有吸引力，其他国家就更愿意追随；如果一个国家能够建立与其利益和价值观念相一致的国际规则，那么它的行为在他国眼中就更具有合法性；如果一个国家借助制度和规则鼓励其他国家按照它喜欢的方式规范或约束自己的行为，那么它就不需要那么多代价高昂的胡萝卜和大棒。"[④]2008 年，奈又出版了《灵巧领

---

① Nye J S Jr.Bound to Lead：The Changing Nature of American Power[M].New York：Basic Books，Inc.，Publishers，1990；Nye J S Jr.Soft power[J].Foreign Policy，1990，69（80）：153–171.

② Nye J S Jr.Bound to Lead：The Changing Nature of American Power[M].New York：Basic Books，Inc.，Publishers，1990：32.

③ Nye J S Jr.Soft Power：The Means to Success in World Politics [M].New York：Public Affairs，2004：11.

④ Nye J S Jr.Soft Power：The Means to Success in World Politics [M].New York：Public Affairs，2004：10–11.

导力》（*The Powers to Lead*）一书，提出把硬权力和软权力有效地结合起来形成"巧权力"（smart power）。① 不管奈的软权力思想怎么演变，他的关切是始终如一的，那就是"美国如何更好地维持自己的世界领导地位和维护自身的国家利益"②。

软权力提出、形成和发展的脉络大致如此。我们用软权力的思想解释扩散型经济激励是因为，扩散型经济激励与其他三种作用方式相比，对利益回报考虑得最少，对国家形象等软权力的构建考虑得最多。

### 三、扩散型经济激励对二者的中和

一国的外交政策必然是物质与精神的结合，必定包含利益与价值，兼顾权力与道义。本书提出的扩散型经济激励便是这样一种二元结合体，它体现在整个中国外交的理念中。或者推而广之地说，利益与道义的结合存在于每一个国家的对外政策中。

本书以社会交换为切入点考察扩散型经济激励是因为，政治关系如同其他社会关系，也是一种交换，只是交换物不同罢了。③ 那么，扩散型经济激励同样具备上述社会交换理论的三个特点。首先，扩散型经济激励也具有利益导向，利益贯穿于扩散型经济激励始终。因为本国给予他国经济利益，同样也期待他国能回报相应的政治利益，在扩散型经济激励的整个链条中都有利益在起作用。④ 正是出于对未来收益的预期，所以扩散型经济激励也必然是一种互惠互利的行为，否则它将难以持续。扩散型经济激励的具体表现形式——对外援助——本质上也是一种交换行

---

① Nye J S Jr.The Powers to Lead[M].New York：Oxford University Press Inc.，2008.

② 周琪，李枏.约瑟夫·奈的软权力理论及其启示 [J].世界经济与政治，2010（4）：69-96.

③ Jackson R M.Patterns of political interaction：Reciprocity and coercion[J].International Studies Quarterly，1973，17（4）：445-470.

④ 中国在运用扩散型经济激励时，虽然也期待利益回报，但不会明确附带政治条件，也不会计算一时一事的利益得失，而是通过发展友好关系期待长期的收益。

为。鲍德温说，援助不是"礼物"，不是"免费"的，而"非常像普通的商业交易，一方用经济资源换取另一方改变自身的行为"。① 当然，中国的扩散型经济激励（包括对外援助）也追求经济之外的政治目的，但是这种目的不是急功近利的，利益的计算也不是锱铢必较的。中国外交中扩散型经济激励的作用对象大多是发展程度低于中国的国家，所以回报不对等将会是常态。再加上中国从一开始就抱有予惠的态度，那么对回报自然也不会斤斤计较。其次，从扩散型经济激励的实际操作来说，精确对等的利益回报是不现实的，只要能让双方都得到满意的结果即可。最后，中国在扩散型经济激励中想要得到的是自身良好的国家形象，以及他国在关键时刻的政治支持，因此这种回报不必是即时的，完全可以从长计议，这也恰好符合扩散型经济激励延时性的特点。总的来说，社会交换理论可以很好地解释扩散型经济激励的运行机理。但是仅从这一个角度来解释又不全面。

那么，我们何以又从软权力的角度思考扩散型经济激励？这是因为，扩散型经济激励不只关乎我们的利益，更关乎我们的外交道义，二者不可偏废。如果中国有能力广泛地给予他国额外的经济利益，说明中国具有硬实力。如果中国能得到更多国家的认同和追随，则说明中国具有软权力。"硬实力就像是一个人的骨骼和肌肉，软实力就像是一个人的灵魂和精神"②，任何国家都要兼备硬实力和软实力。并且本书研究吸引性经济权力的运用，旨在探究如何把中国积累的经济力量这个硬实力用作软的吸引力。这时硬实力只是基础，实现软权力（吸引力）才是目的。另外，从文化传统和外交传统来看，中国都具有责任意识和道义关怀。从理论上分析，虽然扩散型经济激励含有利益的成分，但是利益本身是中性的，可以用作善，也可以用作恶。从实践来看，中国之所以多予少取，就是

---

① Baldwin D A.Economic Statecraft[M]. Princeton：Princeton University Press，1985：292.

② 邢悦 . 文化如何影响对外政策：以美国为个案的研究 [M]. 北京：北京大学出版社，2011：105.

在彰显责任意识，就是把扩散型经济激励作为培育软权力的一种手段。如果说权力和利益是一个国家生存的必要条件，那么责任和道义就是大国外交的题中应有之义。所以有学者指出："对道义的追求既是大国外交政策中不可或缺的内容，更是大国之所以成为大国的标志。"[①]

摩根索认为，作为影响力，权力来源于三个方面："对利益的期待、对损失的恐惧、对领袖或制度的敬仰和爱戴。"[②]这个观点佐证了吸引性经济权力的四种运用方式。如果把吸引性经济权力比作风筝，那么利益就是牵着风筝的那根线。权力的运用者通过收、放手中的风筝线，即通过给予或撤回利益来运用权力。那么，这一收一放正是利用了权力对象对获得利益的期待和对损失利益的恐惧这两种不同的心理。敬仰、爱戴则是与利益相对的那些非物质因素，如奈所讲到的文化、价值观念、外交政策等。当然，除了这些，本书认为强大的经济实力、成功的经济模式等也可以发挥吸引力。我们既可以使用经济利益达到外交目的，也可以运用经济手段培养感召力。吸引性经济权力的四种手段正是这样一个集合体，既可以用来解决外交争端，也可以发展友好关系；既可以维护国家利益，也可以发挥中国的软权力。

## 第三节　扩散型经济激励的案例：中国对非洲援助

上文给出了扩散型经济激励的概念、分析了扩散型经济激励的作用机理，下文将以中国对非洲的援助为案例解释中国如何运用扩散型经济激励。具体来看，本节主要包括两个问题：一是中国给予了非洲哪些援助；二是中国为什么给予非洲援助。中国给予非洲援助的目的在于实施扩散型经济激励，扩散型经济激励是一种特殊的激励方式，它不计较眼前

---

① 邢悦.文化如何影响对外政策：以美国为个案的研究 [M].北京：北京大学出版社，2011：328.

② 摩根索.国家间政治：权力斗争与和平 [M].徐昕，等译.北京：北京大学出版社，2006：56.

的利益得失而关注长远的收益，它不以明确的利益目标为出发点但又可以实现国家利益，它是一种"无目的的合目的性"方式，它符合中国大国外交的特点。

## 一、中国对非洲援助的基本情况及效果

中国对非洲的援助已经长达半个多世纪，中国给予非洲的资金援助占中国对外援助总量的一半以上。特别是 2000 年中非合作论坛成立之后，中国对非洲的援助形成了稳固的长效机制。中国对非洲的援助坚持平等互利的原则，并以提升非洲国家自身能力为目的。因此，中国不仅给予非洲国家资金援助，更帮助它们发展经济；不仅帮助其修建基础设施，更帮助其培训人才。中国对非洲的援助效果从中非贸易额的持续增长中便看得出来。同时，中国对非洲的援助也彰显了中国的大国责任，深化了与非洲国家的传统友谊。

1. 中国对非援助的基本情况

1950 年，中国开始实施对外援助。1956 年是中国向非洲国家提供对外援助的起始之年。2010 年，中国已经实施对外援助 60 周年。2013 年，中国已经派驻援外医疗队 50 周年。中国的援助额 80% 集中在亚非地区。[①] 中国的对外援助不附带任何政治条件，以帮助落后国家和地区的发展为最根本目的。中国的对外援助坚持平等互利、不干涉他国内政的原则，将"他助"与"自助"结合起来，将中国与受援国的共同发展连接起来。

《中国的对外援助》白皮书显示，截至 2009 年底，中国累计对外提供援助金额达 2562.9 亿元人民币，包括无偿援助、无息贷款、优惠贷款 3 种形式。从地区分布来看，非洲占 2009 年中国对外援助资金的 45.7%

---

① 陈志敏，苏长和.复旦全球治理改革战略报告：增量改进 [R].2014：43.

（见图4-1）。对外援助主要有8种方式：成套项目、一般物资、技术合作、人力资源开发合作、援外医疗队、紧急人道主义援助、援外志愿者和债务减免。截至2009年底，中国累计向161个国家以及30多个国际和区域组织提供了援助，经常性接受中国援助的发展中国家有123个，其中非洲有51个。[①]《中国的对外援助（2014）》白皮书显示，2010—2012年，中国对外援助规模持续增长。其中，成套项目建设和物资援助是主要援助方式，技术合作和人力资源开发合作增长显著。亚洲和非洲是中国对外援助的主要地区。2010—2012年，中国对外援助金额为893.4亿元人民币。从地区分布来看，非洲占2010—2012年中国对外援助资金总额的51.8%（见图4-2），较2009年之前呈增长态势。[②]

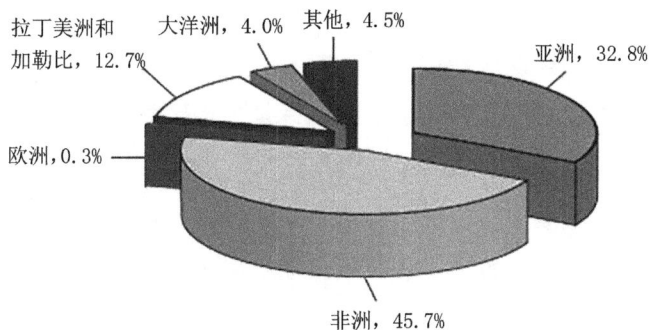

**图4-1　2009年中国对外援助资金分布（按援助地区划分）**

资料来源：《中国的对外援助》白皮书。

① 中华人民共和国国务院新闻办公室.《中国的对外援助》白皮书[A/OL].（2011—04—21）[2021—02—02].http://www.gov.cn/zhengce/2011—04/21/content_2615780.htm.

② 中华人民共和国国务院新闻办公室.《中国的对外援助（2014）》白皮书[A/OL].（2014—07—10）[2021—02—02].http://www.gov.cn/zhengce/2014—07/10/content_2715467.htm.

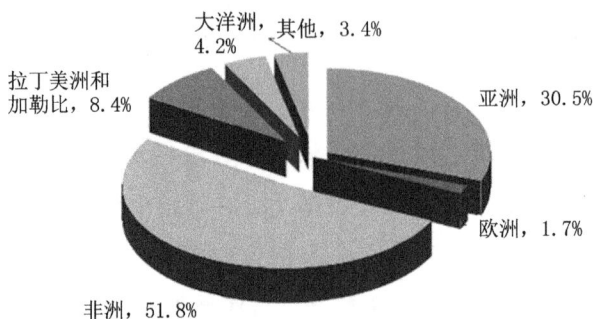

**图 4-2　2010—2012 年中国对外援助资金分布（按援助地区划分）**

资料来源：《中国的对外援助（2014）》白皮书。

　　当前，中国对非洲的援助建立在中非合作论坛的基础之上。2000 年 10 月，中非合作论坛在北京正式成立。中非合作论坛的成立目的是进一步加强中国与非洲国家在新形势下的友好合作，共同应对经济全球化挑战，谋求共同发展。中非合作论坛的宗旨是平等磋商、增进了解、扩大共识、加强友谊、促进合作。中非合作论坛由中国、与中国建交的非洲国家以及非洲联盟委员会组成。中非合作论坛每三年举办一届，由中国和非洲国家轮流举办。每次中非合作论坛结束之后，都会发布官方政策文件，以指导下一步的中非合作。在 2000—2015 年举办的六届部长级会议中，中非合作的内容涉及中国对非洲国家的经济援助、减免非洲重债穷国和最不发达国家的债务、设立"非洲人力资源开发基金"、帮助非洲国家培训人才、援建非洲联盟会议中心、向非洲留学生提供中国政府奖学金、给予非洲国家大部分对华出口商品免关税待遇、向非洲提供科技支持、向非洲国家提供农业技术、向非洲国家派驻医疗队等。在 2014 年西非埃博拉病毒疫情中，中国累计向疫情最严重的塞拉利昂、几内亚、利比亚 3 个国家提供了 1 亿多美元的援助，先后向疫情影响地区派出了 1000 余名医护工作者，并在非洲 9 个国家培训了 1.3 万名当地医护人员。

在这场抗击埃博拉疫情的战斗中，中国进一步深化了与非洲国家的传统友谊。在疫情肆虐期间，中国工人几乎是唯一没有撤离几内亚的外国群体。他们不仅没有撤离、没有停工，而且还提前交付了工程。在习近平主席会见塞拉利昂总统科罗马时，他用"患难见真情"来形容中非友谊。

美国全球发展中心（Center for Global Development）和威廉与玛丽学院（College of William & Mary）的"援助数据项目"（AidData）共同发布的数据显示，2000—2011 年，中国对非洲 50 个国家 1673 个项目共援助 750 亿美元。[1] 近年来，西方和中国国内均对中国援助非洲有不同程度的批评和质疑。西方批评中国掠夺非洲资源、破坏非洲自然环境、违反劳工标准、支持无赖国家、做形象工程等[2]；国内质疑中国对非援助是否值得。但是援非不只是简单的经济利益问题。首先，从历史上看，中非之间有着传统友谊；其次，援助非洲是我们塑造国家形象、增强软权力的手段；最后，援助非洲是中国外交的一种战略选择。中国对非洲进行援助的合理性和必要性并非我们自说自话。部分西方学者也开始跳出某些国家长期对中国的固有偏见，理性客观地看待中国援助非洲的情况。他们首先观察了中国对非援助的事实，从定性的角度给出结论：没有证据表明中国偏好将其援助给予专制腐败国家和资源特别丰富的国家；因为从中国的援助分布来看，中国并没有将援助不成比例地流向某些特定国家。然后，他们运用数据分析中国对非洲的援助是否已经超过美国，以及应当如何看待中国的援助状况。他们指出，只有经济合作与发展组织（Organization for Economic Cooperation and Development，OECD）框架下的官方发展援助（official development asistence，ODA）才算是严格意义上的"援助"（aid）。

---

　　[1]　Strange A，Parks B，Tierney M J，et al.China's development finance to Africa：A media-based approach to data collection[J].Social Science Electronic Publishing，2013：1-63.

　　[2]　Strange A，Parks B，Tierney M J，et al.China's development finance to Africa：A media-based approach to data collection[J].Social Science Electronic Publishing，2013：1-63.

那么, 2000—2013 年, 中国给予非洲的官方发展援助总额是 315 亿美元, 平均每年的援助额是 22.5 亿美元; 而在此期间美国给予非洲的官方发展援助总额是 927 亿美元, 平均每年的援助额是 66.2 亿美元。由此可以看出, 如果按照严格意义上的援助来比较, 美国对非洲的援助要远远多于中国。但是中国与美国的区别在于, 除了官方发展援助, 中国又有相当大的一部分资金被称为 "其他的官方资金" ( other official flows, OOF ), 这些资金主要投向资源丰富的国家, 而中国的官方发展援助主要给予了非洲最贫困的国家。如果将这些形式的资金算在一起, 2000—2013 年中美对非洲援助的金额大致相当, 中国为 943 亿美元, 美国为 1079 亿美元。[①] 所以, 这篇分析可以有力地证明, 中国对非洲的援助并没有超过美国, 并且这些援助也没有用来收买腐败国家的高层以获取自然资源。

## 2. 中国对非援助的效果

中国对非洲援助的效果是很明显的, 并且对中非双方来说是互利的。对于非洲国家来说, 中国的援助模式不仅给予它们所需的物质帮助, 还促进了非洲国家的经济社会发展。对于中国来说, 对非洲的援助不仅加速了国内企业 "走出去", 更体现了中国的大国责任, 提升了中国的国家形象, 发展了与非洲的友好关系。

### (1)从非洲方面看中国对非援助的效果

第一届中非合作论坛上, 中国就在《中非经济和社会合作纲领》中明确提出了帮助非洲国家开发人力资源、培训人才。这足见中国对非洲的援助是 "授人以渔" 而不是 "授人以鱼" 的方式。中国在《中国的对外援助》白皮书和《中国对非洲政策文件》中都反复指出, 中国对非洲的政策

---

① The Washington Post.Many in the West fear Chinese "aid" to Africa.They are wrong. Here's why [EB/OL].(2015-10-20)[2021-02-02].https://www.washingtonpost.com/blogs/monkey-cage/wp/2015/10/20/many-in-the-west-fear-chinese-aid-to-africa-theyre-wrong-heres-why/.

是"共同繁荣、共谋发展，支持非洲国家发展经济、建设国家"①。所以，有学者把中国的这种援助方式称为"发展引导型援助"，即通过"援助＋合作"的方式帮助受援国摆脱贫困，引导受援国实现自身发展，并且在平等互利、互帮互助的基础上实现援助国和受援国共同发展、共同得益。②因此，考察中非关系，不仅仅要看中国给了非洲国家多少援助，更要看中国带给非洲国家的经济增长量。

《中国与非洲的经贸合作》白皮书和《中国与非洲的经贸合作（2013）》白皮书公布的数据显示，除了 2009 年有小幅回落之外，中非贸易在 2000—2012 年实现了持续快速增长（见图 4-3）。2000—2012 年，中非贸易占中国对外贸易总额的比重从 2.23% 增加到 5.13%。其中，中国自非洲进口占比从 2.47% 增加到 6.23%，出口非洲的占比从 2.02% 增加到 4.16%。从非洲方面看，这种上升趋势更加明显。2000—2012 年，中非贸易占非洲对外贸易总额的比重从 3.82% 增加到 16.13%。其中，非洲对中国出口占比从由 3.76% 上升到 18.07%，从中国进口占比从 3.88% 上升到 14.11%。截至 2012 年，有超过 2000 家的中国企业在非洲 50 多个国家和地区投资兴业，合作领域从传统的农业、采矿、建筑等，逐步拓展到资源深加工、工业制造、金融、商贸物流、地产等。截至 2012 年底，中国已与 32 个非洲国家签署双边投资保护协定，与 45 个国家建立经贸联委会机制。中国已经成为非洲最大贸易伙伴国，非洲成为中国重要的进口来源地、第二大海外工程承包市场和第四大投资目的地国。③

---

① 中华人民共和国中央人民政府．中国对非洲政策文件 [A/OL]．（2006-01-12）[2021-02-02]．http：//www.gov.cn/zwjw/2006-01/12/content_156498.htm.

② 张海冰．发展引导型援助：中国对非洲援助模式研究 [M]．上海：上海人民出版社，2013：96.

③ 中华人民共和国国务院新闻办公室．《中国与非洲的经贸合作（2013）》白皮书 [A/OL]．（2013-08-29）[2021-02-02]．http：//www.gov.cn/zhengce/2013-08/29/content_2618549.htm.

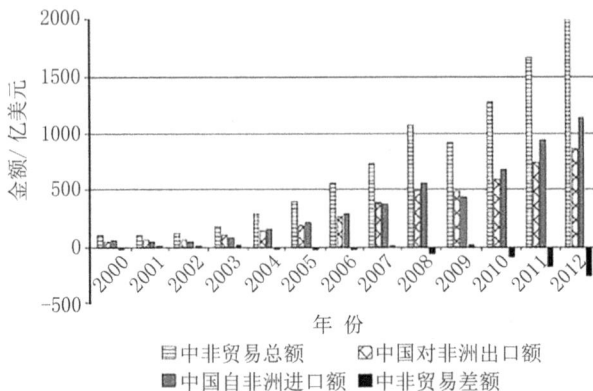

**图 4-3　2000—2012 年中国与非洲贸易情况**

资料来源:《中国与非洲的经贸合作（2013）》白皮书。

　　有学者分析了中国与非洲 1980—2012 年经济增长的相互关联性，得出如下结论：1996 年以前，中非双方的经济增长基本上没有关联性；1996—2007 年，两者的关联性明显增强；2008—2012 年，两者的关联性又有所弱化（见图 4-4）。最后一个阶段关联性之所以弱化，主要原因是非洲先后受到国际金融危机和北非政治动荡双重影响，经济出现较大波动；而中国虽然也受到此次国际金融危机的冲击，但影响不大。[①]2007 年，商务部官员就指出，中国开展的对非贸易"对于非洲经济增长的贡献率已经达到 20% 左右"[②]。英国《金融时报》也指出，"中国成为非洲经济新动力"[③]。从中非经济增长的关联性分析可以看出，世界上最大的发展中国家与发展中国家最集中的大陆，两者之间的关系密不可分。特别是随着新兴经济体的群体性崛起，可以预见中国与非洲国家会更加相互借重、相互依赖。

---

　　① 张宏明.非洲发展报告 No.16（2013—2014）：大国对非政策动向与中非关系的国际环境 [M]. 北京：社会科学文献出版社，2014：176—177.

　　② 魏建国：中国对非贸易对非经济增长贡献率达 20%[EB/OL].（2007-05-13）[2021-02-02].http：//www.gov.cn/jrzg/2007-05/13/content_612939.htm.

　　③ 中国成为非洲经济新动力 [J]. 金融博览，2006（4）：30.

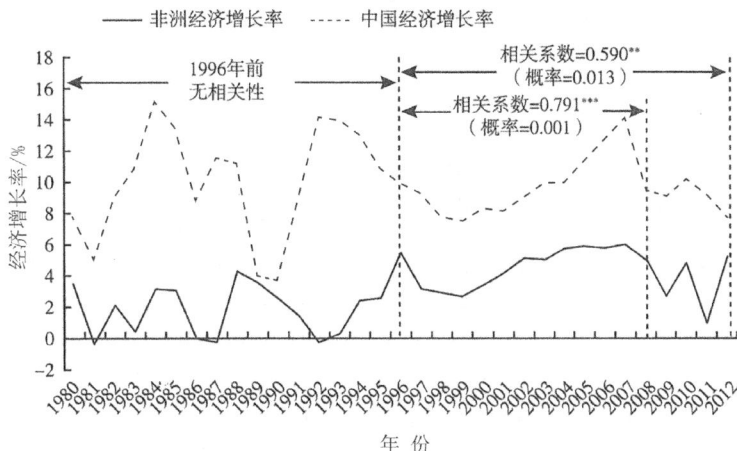

图 4-4　中非经济增长的关联性

资料来源：张宏明.非洲发展报告 No.16（2013—2014）：大国对非政策动向
与中非关系的国际环境 [M].北京：社会科学文献出版社，2014：177.

（2）从中国方面看中国对非援助的效果

从历史上看，非洲国家曾经给予中国宝贵的外交支持。特别是在中国恢复联合国合法席位的问题上，可以说是非洲国家把中国"抬"进了联合国。1971 年第 26 届联合国大会以 76 票赞成、35 票反对、17 票弃权通过了恢复中华人民共和国在联合国的一切合法权利并立即把国民党集团的代表驱逐出联合国的提案。其中，除了南斯拉夫之外，当时的 23 个提案国都接受过中国的无私援助，而投赞成票的 76 个国家中，有 51 个是第三世界国家，非洲国家占了大多数。[①]1989 年后，又是非洲国家帮助中国打破西方国家的制裁和封锁。"当时，顶着西方国际压力到中国访问的第一位外国元首来自非洲，第一位政府首脑来自非洲，第一位外长也来自非洲。"[②]另外，20 世纪 90 年代以来，中国连续十余次挫败西方国家制定的反华提案，以及中国成功申办 2008 年奥运会和 2010 年世博会，

① 张郁慧.中国对外援助研究（1950–2010）[M].北京：九州出版社，2012：198.

② 罗建波.中非关系为什么如此重要 [N].学习时报，2013-04-01.

这些关乎中国利益和政策的外交事件，都离不开非洲国家给予的压倒性多数的支持。[①] 因此可以说，非洲成为撬动中国与外部世界关系的一个支点。[②]

除了非洲国家在国际舞台上给予中国外交支持以外，非洲国家的民众对中国国家形象的正面评价也比较高。本书以 2010—2013 年英国广播公司（BBC）所做的国家影响力的民意调查为例证。当问及"中国的国际影响力"时，持积极态度最明显的就是非洲国家，远高于中国的邻国等其他地区（见表 4-1）。[③]

表 4-1　非洲国家对"中国的国际影响力"持积极态度的比例

单位：%

| 国家 | 2010 年 | 2011 年 | 2012 年 | 2013 年 |
|------|---------|---------|---------|---------|
| 埃及 | 64 | 55 | 50 | 57 |
| 肯尼亚 | 73 | 73 | 75 | 58 |
| 尼日利亚 | 73 | 85 | 89 | 78 |
| 加纳 | 63 | 72 | 64 | 68 |

资料来源：BBC World Service Poll。

在中非关系的考察中不乏一种欠妥的观点，认为在中非关系中，中国占主导地位，中非之间是不对称的相互依赖，非洲对中国的依赖远高于中国对非洲的依赖。然而恰恰是一位非洲学者批评了这种观点，并提出了相对客观的看法。他认为，从经济角度看，中国具有明显的优势；然而从地缘政治的角度看，非洲拥有相当大的政治权力，此时中非关系是

---

① 张郁慧.中国对外援助研究（1950—2010）[M].北京：九州出版社，2012：199.

② 刘鸿武.中非关系30年：撬动中国与外部世界关系结构的支点[J].世界经济与政治，2008（11）：80—88.

③ BBC World Service Poll. Global views of United States improve while other countries decline[R]. 2010：7；BBC World Service Poll.Views of US continue to improve in 2011 BBC Country Rating Poll[R].2011：9；BBC World Service Poll.Views of Europe slide sharply in global poll，while views of China improve[R].2012：9；BBC World Service Poll.Views of China and India slide while UK's rating climb：Global poll [R].2013：7.

一种有利于非洲的不对称关系。① 所以，说中非关系是互利互惠的，就是因为非洲可以从中国获得经济援助和投资，中国可以从非洲获得政治支持。这符合社会交换理论的交换规则，因此这种合作是有效的、可持续的。这也正是本章所讲的扩散型经济激励所要达到的效果，中国对非洲的援助不计较眼前的利益得失，而关心长远的外交战略、国家形象、国际友谊等。

## 二、以对外援助实现扩散型经济激励

对外援助是中国实施扩散型经济激励的重要手段。中国之所以对非洲进行援助，一是出于帮助非洲经济社会发展的需要；二是因为非洲在中国外交中占据重要地位。中国之所以实施扩散型经济激励，一是因为扩散型经济激励在多边合作中具有天然优势，它关注长远的政治收益而非眼前的经济利益；二是因为扩散型经济激励承载着广交朋友的重任，体现着中国外交的责任和担当。

### 1. 中国为什么援助非洲

中国对非洲的援助除了出于大国的责任和道义之外，还有外交的战略考量。非洲在世界舞台上的地位越来越重要，中非关系在中国外交布局中也越来越重要。2014 年 5 月，李克强总理访问非洲并在非盟会议中心发表演讲。他在演讲中精辟地将非洲在当代世界的地位概况为"三个一极"。第一，"非洲是世界政治舞台上的重要一极"。非洲是世界的五大洲之一，非洲有 54 个国家，仅从数量上来说，其在整个世界舞台上都占有一席之地。再加上非洲国家的实力不断增强，因此也将拥有更多的世界话语权。第二，"非洲是全球经济增长新的一极"。非洲国家经济增长

① 博多姆.非中关系：用软实力加强对称性 [M]// 浙江师范大学非洲研究院.非洲研究（第 1 卷）.北京：中国社会科学出版社，2011：101-103.

迅速，经济增长潜力巨大。非洲国家的经济发展也具有先天的优势，有广大的土地、丰富的资源、广阔的市场。第三，"非洲是人类文明的多彩一极"。非洲是世界文明的发源地之一，非洲有着最古老的文明和最悠久的历史，它对人类文明的多样性具有非常重大的意义。[①] 因此，中非关系的重要性可见一斑。"'三个一极'实质上也是中非合作的三个主要领域，它既阐明了中非关系的合作基础，更加指明了中非合作的方向和趋势。"[②]

无论出于传统友谊还是出于非洲日益重要的国际地位，无论出于道义还是战略需求，中国都非常重视与非洲的关系。那么，非洲在中国外交中具有怎样的地位和作用呢？罗建波将其总结为四个方面："非洲是中国外交的战略支点，是中国经济复兴的重要伙伴，是中国展现外交形象的舞台，是中国提升国际话语权的重要平台。"[③] 这四个重要性中，一个涉及经济方面，其他三个涉及外交方面。经济方面的重要性不再赘述，上文已经通过图表展示了中非合作论坛建立以来中非之间的贸易量持续快速增长。外交方面的重要性首要从中国外交布局中为非洲定位。从"大国是关键、周边是首要、发展中国家是基础、多边是舞台"这个外交布局来看，非洲属于中国外交的"基础"。"基础"排在第三位，似乎没有"关键""首要"那么重要，但事实并非如此。"关键和首要的东西，虽然重要，但也可能往往只是当下的，要眼前应对的，而基础的东西，却可能是长远的、战略的。"[④] 因此，中国外交要布局长远，就必须抓住非洲这个基础；只有抓住这个基础，中国外交才更有定力、支撑点和回旋余地。[⑤]

---

① 李克强在非盟会议中心的演讲（全文）[EB/OL].（2014–05–06）[2021–02–02]. http：//www.xinhuanet.com/world/2014–05/06/c_1110547295.htm.

② 舒运国. 非洲在世界格局中的重要地位：李克强总理定位非洲为"三个一极"[J]. 当代世界，2014（6）：5–7.

③ 罗建波. 中非关系为什么如此重要 [N]. 学习时报，2013–04–01.

④ 刘鸿武. 重新理解中国外交格局 [N]. 东方早报，2013–04–01.

⑤ 刘鸿武. 重新理解中国外交格局 [N]. 东方早报，2013–04–01.

另外，要使用好经济这个手段，使经济为外交服务，用经济手段塑造中国良好的大国形象。对于非洲来说，要一手使用援助，一手使用经贸合作。这是因为，非洲既是发展程度比较落后的地区，也是当前发展速度较快、发展潜力巨大的地区。同时，这两种手段并行使用也符合中国不仅要"授人以鱼"，也要"授人以渔"的思想。对非洲的援助要持续深入地进行下去，"创新对非援助形式，适度增加对非援助规模，是展现中国外交形象的首要途径"①。此外，与非洲的经贸合作也是中国塑造大国形象的重要途径。刘鸿武指出，从外部来看，非洲经济最重要的推动力就是中国，中非全方位的经贸关系使中国成为拉动非洲经济增长最积极的力量之一。②特别是在中非合作论坛框架下，中非合作涉及政治、经贸、基础设施、农业、医疗卫生、学术研究、文化交流、人才培训、优惠贷款、减债免债等非洲经济社会发展的各个方面。特别值得一提的是，中非合作论坛每一届部长级会议之后都有后续行动来落实会议文件中的事项，并及时公布落实情况。不能不说，中国对非洲的援助为世界减少贫困、改善民生、促进发展作出了重要贡献。这些行动无疑塑造了一个负责任的大国形象，一个国际社会的积极建设者的中国形象。

当然，中国的对外援助并不局限于非洲国家，中国的扩散型经济激励也不只针对非洲国家。凡是经济贫困、社会发展落后的地区，中国作为大国，在力所能及的情况下都应施以援助。同时，这些国家应该是在政治上认同中国，这样方能获得中国提供的予惠型经济利益。中国在对这些国家实施扩散型经济激励时，期待以经济利益换取政治支持，并以发展长期友好关系、塑造良好的国家形象为导向。

---

① 罗建波.中非关系为什么如此重要 [N].学习时报，2013-04-01.
② 刘鸿武.重新理解中国外交格局 [N].东方早报，2013-04-01.

## 2. 以对外援助实现扩散型经济激励

上文分析了中国为什么援助非洲这个问题。从学理上看，对于一国为什么进行援助主要有三种理论解释。第一种是现实主义的理论视角。这种观点认为，对外援助是一国的对外政策工具，因为它从根本上说是受到国家利益的驱使。"一国给予他国多少援助并不取决于他国的需要，或者他国的实力，或者他国经济状况的好坏，也不取决于其道德，而是取决于一国能从援助中得到的政治好处。"① 这是现实主义的"援助国利益"范式。第二种是理想主义的理论视角。从人道主义和国际正义观出发，理想主义者反对把对外援助狭隘地界定为援助国的对外政策工具，而是主张对外援助要从受援国的经济状况和社会发展需要出发，以最大化地促进受援国的发展为最终目的。② 这是理想主义的"受援国需求"范式。第三种是激进主义的理论视角。激进主义认为，对外援助从根本上说包含着一种不平等的生产关系，它是资本主义生产方式的结果，是援助国对受援国新的殖民工具，并将最终造成受援国的更加贫穷落后。③ 从以上的分析可以看出，这三种对外援助的理论解释都比较片面，都只看到了问题的一方面，而现实中的对外援助必定是道义与利益、责任与回报恰当融合的有机体。

基于对传统援助理论的批判，有学者提出了中国视角下的新型对外援助观。他们认为，中国的新对外援助观是一种平等互助、共同发展、利人利己、共赢、辩证的援助观。④ 这种援助观的总结与中国的援助政策相一致，与中国的援助实践相符合。本书认为，将中国的援助称为"无目

---

① Griffin K B，Enos J L.Foreign assistance：Objectives and consequences[J].Economic Development and Cultural Change，1970，18（3）：313-327.

② 丁韶彬.大国对外援助：社会交换论的视角[M].北京：社会科学文献出版社，2010：53.

③ 刘丽云.国际政治学理论视角下的对外援助[J].教学与研究，2005（10）：83-88.

④ 刘鸿武，黄梅波.中国对外援助与国际责任的战略研究[M].北京：中国社会科学出版社，2013：73-74.

的的合目的性"援助有其合理性。① "无目的"是指中国的对外援助不是出于狭隘的一己之私,"合目的性"是指以道义为出发点的对外援助也能回馈丰厚的国家利益。这种援助观与中国的扩散型经济激励的出发点恰好一致。正如本章开篇对扩散型经济激励的概念界定所描述的,扩散型经济激励没有明确的政治目的,不以改变他国的政策立场为目标,中国给予的经济利益不附带任何政治条件。但是扩散型经济激励也并非盲目的,没有国家利益的考虑;相反,扩散型经济激励作为一种外交手段,其根本目的就是实现国家利益,但这种国家利益并非眼前利益而是长远利益,其包括提升国家形象、增加国际支持、培育与他国的牢固友谊等。

扩散型经济激励的优势在于,扩散的互惠不会将关注点放在每次合作的利益得失和双方的利益比较上,而会把眼光放得更长远、更广泛,从而关注长期的收益状况,以及与众多行为体的合作行为。② 在理论概述部分,我们比较了吸引性经济权力的四种运用方式,这种无目的性正是扩散型经济激励区别于其他经济激励方式的主要特征。扩散型经济激励这种多边合作包含扩散的互惠性,这一特性会给多边的各方带来利益上的大致平衡。双边合作则包含特定的互惠性,特定的互惠会不自觉地计算双方的利益得失,时时关注两者之间的利益均衡状态。所以,即时的平衡会十分关注利益的得失,而大致的平衡会把眼光放得更加长远。扩散型经济激励是大国外交应有的方式,扩散型经济激励体现了大国外交的责任与气度。

---

① 刘鸿武,黄梅波.中国对外援助与国际责任的战略研究 [M].北京:中国社会科学出版社,2013:77.
② 鲁杰.多边主义 [M].苏长和,译.杭州:浙江人民出版社,2003:60.

# 第五章 指向型经济激励

权力的方向性是权力的内涵中不可或缺的重要方面。指向型经济激励就包含明确的方向性，这意味着它不仅有明确的作用对象，也有明确的作用目的。指向型经济激励的作用逻辑是，给予对方额外的利益以期对方作出有利于我方的行为。由于这个利益不是普遍给予的，所以我方会选择那些与自身政策和利益相符的对象，给予它这个好处；又由于这个利益资源是有限的，所以想要得到这个额外好处的行为体会竞相作出符合我方利益的行为，以求获得这个好处。本章将解释指向型经济激励的概念，分析其作用机理，并以好莱坞追逐中国电影市场的案例说明经济优势也可以用作政治权力。

## 第一节 指向型经济激励的概念

指向型经济激励是与扩散型经济激励相对的一个概念。扩散型经济激励的作用对象是一个群体，而指向型经济激励的作用对象是特定的个体；扩散型经济激励的作用目的是间接地发展友好关系、提升国家形象，而指向型经济激励的作用目的是明确地改变他国的政策行为；扩散型经济激励的作用效果是不显著的、长期的，而指向型经济激励的作用效果是明显的、短期内可以看到的。指向型经济激励的针对性和时效性使其更适合解决两国之间在具体领域的具体问题，能及时有效地维护国家利益。

## 一、指向型经济激励是特定的互惠

基欧汉把国际关系中的互惠分为特定的互惠和扩散的互惠两大类，并将特定的互惠定义为"行为体与其特定的伙伴之间按照严格限定的程序交换价值相等的东西"[1]。指向型经济激励是一种特定的互惠，因为它有特定的作用对象、特定的议题，并且要求达到特定的结果。指向型经济激励关注单次博弈，它要求双方的收益处于即时的平衡中；而扩散型经济激励是多次博弈，它要求双方的收益在较长的一段时间内大致平衡即可。[2]指向型经济激励具有针对性和时效性的特点，因此这种权力运用方式更适合用于解决国家间在特定问题领域的矛盾和争端。指向型经济激励的作用方式是通过给予对象国额外的经济利益诱导其行为改变，而不是剥夺其利益或者以压促变。综合这些特点，本书把指向型经济激励定义为：针对特定对象国，通过有选择地给予其特定的增量经济利益来影响对象国在特定领域的政策和行为。

扩散型经济激励是一对多的关系，而指向型经济激励是一对一的关系。如果说扩散型经济激励对应的是多边外交，那么指向型经济激励对应的就是双边外交。多边外交和双边外交各有特色、各有利弊。多边外交具有开放性和包容性，但它往往是低效的，并且对违规行为缺乏强制力；双边外交具有针对性和排他性，缺乏开放性和透明度，但它的执行力强。多边外交可以用来展示国家形象、发展友好关系，而双边外交能够更明确地定位、表达和维护国家利益。虽然当前多边外交非常兴盛，中国也在世纪之交开始越来越多地参与多边外交，但双边外交仍然是国家

---

[1] Keohane R O.Reciprocity in international relations[J].International Organization，1986，40（1）：1–27.

[2] 鲁杰.多边主义 [M].苏长和，译.杭州：浙江人民出版社，2003：13.

间关系的基石，双边外交仍然是提升国家利益的最有效工具。[①] 从指向型经济激励与双边外交的比对以及多边外交与双边外交的比较中可以看出，指向型经济激励在一国的外交中具有不可替代的地位，是吸引性经济权力运用的一种重要手段。

我们把扩散型经济激励的目的定位为提升国家形象、发展友好关系等笼统的、模糊的目标，而把指向型经济激励的目标定位为改变他国政策、立场等明确的结果。从权力的定义来看，权力本身包含着改变他者行为的目的。从经济激励的概念来看，有学者明确地将经济激励定义为："通过提供、拒绝、允诺或威胁给予商品和服务以达到影响其他行为体态度和行为的目的。"[②] 由此可以看出，改变他者行为是权力运用的题中应有之义。而指向型经济激励就是通过直接的方式、针对特定的对象明确地改变其行为。

## 二、力既有大小又有方向

物理学中的"力"与政治学中的"权力"有相通之处。物理学认为，"如果物体相对于惯性参考系的速度有所改变，必是由于受到其他物体对它的作用"[③]，在力学中将这种作用称为力。当讲到力的时候，有两个问题特别值得注意：一是凡是讲到一个力的时候，应当说清楚是哪一物体施于哪一物体的力；二是力是矢量，既有大小又有方向，不表述方向则无法准确地描述力。[④] 由此可以看出，力是有明确的作用对象和作用方向的。

这一特点在政治学对权力的研究中也同样适用。如权力的经典概念

---

① Rozental A，Buenrostro A.Biliteral diplomacy[M]// Cooper A F，Heine J，Thakur R.The Oxford Handbook of Modern Diplomacy.Oxford：Oxford University Press，2013：229–230.

② Crumm E M.The value of economic incentives in international politics[J].Journal of Peace Research，1995，32（3）：313–330.

③ 梁昆淼 . 力学（第四版上）[M]. 北京：高等教育出版社，2010：56.

④ 梁昆淼 . 力学（第四版上）[M]. 北京：高等教育出版社，2010：56–59.

"A 对 B 有权力即意味着 A 能让 B 做它本不愿意做的事"①，就是把权力视为迫使他者行为改变的力量。社会学对权力的定义也强调权力的指向性和目的性。丹尼斯·H. 朗（Dennis H. Wrong）认为，权力是"某些人对他人产生的蓄意的并且可预见效果的能力"②。从政治学和社会学对权力的定义可以看出，权力必须有明确的作用对象，否则权力就失去了存在的意义；同时，权力需要有明确的作用目的，否则无法评判其作用效果。正如物理学关注力的方向一样，政治学如果忽视了权力的方向，同样也不能正确地理解权力。权力的方向之所以重要，是因为力量大小是客观存在的，而运用方向则关乎行为结果。权力的指向性决定了权力的结果是和平还是冲突，是合作还是斗争。所以吴心伯指出，国际政治学在研究权力时，主要关心权力的大小和性质，而较少关心其作用方向。因此，他在《建构中国外交的"和力"》一文中提出，"'和力'不仅仅指力量（硬实力和软实力）本身，更包括对这些力量的指向性运用，也就是力量的使用方式"③。

只看权力的大小，不考察权力的方向则会造成严重的认识误区。"国强必霸"就是这种认识论的产物。实力的增长并不必然导致霸权主义，霸权主义是权力的一种运用方式和政策取向，和平发展是权力的另一种运用方式和政策取向。权力的大小和运用方式是权力的两个维度，权力的结果＝权力的大小 × 权力的运用方式。而由权力的大小推导出权力的运用方式是不合逻辑的。中国跳出西方大国"国强必霸"的历史规律的根本保证就是走和平发展道路，就是"既注重硬实力的内敛式增强，又注重软实力的开放式发展的成长之路"④。有国外学者既从权力的大小又从权力的

---

① Dahl R A.The concept of power[J].Behavioral Science，1957，2（3）：202-203.

② Wrong D H.Power：It's Forms，Bases，and Uses[M].New Brunswick：Transaction Publishers，1995：2.

③ 吴心伯. 建构中国外交的"和力"[J]. 国际问题研究，2013（2）：114-121.

④ 胡键. 跳出"国强必霸"的历史周期律 [N]. 社会科学报，2011-09-29.

运用方式两方面理性看待中国崛起，"认知中国的角色，不仅要看中国日益增长的权力资源（尽管这一部分非常重要），也要看中国用自己的权力来做什么"①。习近平也强调指出："中华民族历来是爱好和平的民族。中华民族一直追求和传承着和平、和睦、和谐的坚定理念。中华民族的血液中没有侵略他人、称霸世界的基因，中国人民不接受'国强必霸'的逻辑。"②

本书研究的吸引性经济权力，其基础是中国的经济实力，其运用方式就是吸引。不管是结构型、扩散型、指向型还是施压型经济激励，其目的都是吸引，但吸引的方式多种多样。例如，结构型经济激励的特点在于运用相互依赖的态势发挥影响力，扩散型经济激励的特点在于通过给予经济利益发展友好关系，指向型经济激励的特点在于准确使用优势资源维护国家利益。

## 第二节　指向型经济激励的作用机理

本章第一节界定了指向型经济激励的概念，并总结出指向型经济激励具有针对性、直接性、目的性、方向性等特点。然而，这只是结果，如果回过头来看指向型经济激励的作用过程，我们就会发问：指向型经济激励的权力来源是什么？指向型经济激励如何发挥其效力？为了探究这个过程，本节从理论和现实两个层面进行分析。组织学的资源依赖理论认为，组织的生存需要从外部环境中获取资源。同理，经济行为体的生存也需要市场提供给它赖以生存的资源。经济体对市场的依赖性决定了市场可以对经济体发挥权力作用。再从现实层面来看，占有优势资源的

---

① Godehardt N. 我眼中的中国及其权力 [N]. 怀畅，译. 中国社会科学报，2011-02-17.

② 习近平. 在中国国际友好大会暨中国人民对外友好协会成立 60 周年纪念活动上的讲话 [N]. 人民日报，2014-05-16.

行为体拥有话语权，拥有话语权便可以使事情朝着自己预期的方向发展。本书将沿着"话语权—经济话语权—市场话语权"的脉络逐步深入，探讨如何运用中国的市场话语权以达到指向型经济激励的目的。

## 一、资源依赖理论

资源依赖理论是组织理论的重要流派之一。资源依赖理论是在探讨组织与环境的关系中产生的。20 世纪 40 年代后期，组织研究成为一个独立的领域。[①]60 年代，一般系统理论用于组织研究，并产生了决策理论、权变理论、交易成本理论、种群生态理论、资源依赖理论、制度理论等组织理论。[②] 资源依赖理论以开放系统理论为前提，因此本部分将以开放系统理论为切入点来阐述资源依赖理论的主要内容。

1. 资源依赖理论的前提：开放系统理论

传统的组织理论把组织视为高度结构化、机械和封闭的系统，并且认为组织是达成既定目标的工具，专注于组织内部的结构和规则，而很少关注外部环境对组织的影响。[③]1956 年，生物学家路德维希·冯·贝塔朗菲（Ludwig von Bertalanffy）提出了一般系统理论，区分了封闭系统和开放系统。他认为："有机体不是封闭系统，而是开放系统。我们把没有物质输入或输出的系统叫做封闭系统，而把有物质输入或输出的系统叫做开放系统。"[④] 之后，经济学家肯尼思·E. 博尔丁（Kenneth E. Boulding）又把一般系统论运用于社会科学研究，并区分和界定了 9 种系统类型。其中，开放系统是指"能够从环境获得资源进行生产并由此进行自我维

---

① 斯格特 . 组织理论：理性、自然和开放的系统 [M]. 黄洋，等译 . 北京：华夏出版社，2002：8.
② 陈淑伟 . 开放系统组织研究的历史与理论 [J]. 山东社会科学，2007（3）：146–149.
③ 陈淑伟 . 开放系统组织研究的历史与理论 [J]. 山东社会科学，2007（3）：146–149.
④ 贝塔朗菲 . 一般系统论：基础、发展和应用 [M]. 林康义，等译 . 北京：清华大学出版社，1987：113.

护的系统"①。1966 年，以《组织的社会心理》（*The Social Psychology of Organizations*）一书的出版为标志，丹尼尔·卡茨（Daniel Katz）和罗伯特·L. 卡恩（Robert L. Kahn）开始将一般系统理论运用于组织研究。② 一般系统理论在组织研究中的运用打开了组织研究的新视角，组织被视为开放的系统，组织环境成为组织研究的新领域。

资源依赖理论正是在开放系统理论的基础上发展起来的。在开放系统视角下，组织不再是一个纯粹的协议的聚合物，而是具有自我生存和壮大能力的"生物体"。③ 再看组织与环境的关系，若系统是封闭的，则组织可以自给自足；若系统是开放的，则组织需要与外部环境进行交换。所以，"任何组织都不是孤立存在的，都与特定的环境相互联系、相互作用，不断与之发生着物质、能量和信息的交流与转换；这是作为开放系统的组织的基本特性"④。开放系统为资源依赖理论提供了重要的前提假设。

2. 资源依赖理论的内容

如前所述，资源依赖理论在探讨组织与环境的关系中产生。那么，我们应当首先界定组织和环境这两个核心概念。王思斌认为，"社会组织是为了实现特定的目标而有意识地组合起来的社会群体，如企业、政府、学校、医院、社会团体等"⑤。理查德·H. 霍尔（Richard H. Hall）把环境定义为"所有外在于被研究的总体，并且能对被研究的总体发生实际或潜在的影响的因素"⑥，这里的"被研究的总体"指组织。本书的组织和环境采用这两个概念界定。

---

① Boulding K E.General systems theory：The skeleton of science[J].Management Science，1956，2（3）：197–208.

② Katz D，Kahn R L.The Social Psychology of Organizations[M].New York：John Wiley & Sons，Inc，1966.

③ 邓学军，夏洪胜.成本考量、资源依赖抑或制度驱使：企业间网络形成动因分析 [J]. 学术研究，2008（5）：80–86.

④ 陈淑伟.开放系统组织研究的历史与理论 [J]. 山东社会科学，2007（3）：146–149.

⑤ 王思斌.社会学教程 [M].北京：北京大学出版社，2012：76–77.

⑥ 霍尔.组织：结构、过程及结果 [M].张友星，等译.上海：上海财经大学出版社，2003：226.

资源依赖理论的主要内容包括：第一，组织不是自给自足的，必须与环境进行交换。资源依赖理论首先假设组织不能够产生所有它需要的资源。[①] 这是由组织是开放系统的特点决定的，同时这一假设也意味着组织在资源上必须依赖环境。资源依赖理论的提出者杰弗里·菲佛（Jeffrey Pfeffer）和杰勒尔德·R. 萨兰基克（Gerald R. Salancik）认为，组织根植于相互联系以及由各种联系组成的网络之中。由于组织不是完全独立和自给自足的，就必须依靠环境为其提供支持。[②] "组织所进行的一切活动都是为了适应所处的环境，是对环境的适应和调整的结果。"[③]

第二，环境提供给组织赖以生存的资源，所以组织依赖环境。环境可以提供的资源主要有原材料（包括资金支持和人力资源）、信息、社会和政治方面的支持（即合法性的支持）[④] 等。为了获取所需的资源，组织必须与环境中的其他因素进行交易。而组织生存的关键就是获取和维持资源的能力。[⑤] 所以，资源依赖理论将资源交换看作联系组织和环境关系的核心纽带。[⑥]

第三，资源依赖理论中的权力关系。首先，环境对组织拥有权力。由于环境是组织的资源来源，所以环境也成为组织的权力来源，环境对组织起着制约、塑造、渗透和革新的作用。[⑦] 组织与环境的关系证明，依赖性是权力的对应面。[⑧] 其次，组织从环境中获取资源以增加自身的权

---

① 霍尔. 组织：结构、过程及结果 [M]. 张友星，等译. 上海：上海财经大学出版社，2003：295.

② 菲佛，萨兰基克. 组织的外部控制：对组织资源依赖的分析 [M]. 闫蕊，译. 北京：东方出版社，2006：48.

③ 菲佛，萨兰基克. 组织的外部控制：对组织资源依赖的分析 [M]. 闫蕊，译. 北京：东方出版社，2006：1.

④ 费显政. 资源依赖学派之组织与环境关系理论评介 [J]. 武汉大学学报：哲学社会科学版，2005（4）：451-455.

⑤ 菲佛，萨兰基克. 组织的外部控制：对组织资源依赖的分析 [M]. 闫蕊，译. 北京：东方出版社，2006：2.

⑥ 费显政. 资源依赖学派之组织与环境关系理论评介 [J]. 武汉大学学报：哲学社会科学版，2005（4）：451-455.

⑦ 斯科特. 制度与组织：思想观念与物质利益 [M]. 姚伟，等译. 北京：中国人民大学出版社，2010：2.

⑧ Emerson R M.Power-dependence relations[J].American Sociological Review，1962，27（1）：31-41.

力。这种权力不仅来源于资源的数量，也来源于资源的品质。资源的品质包括三方面内容：资源的稀缺程度、资源的重要性、资源的不可替代程度。[①]再次，组织之间也存在着权力关系。这种权力关系是由环境的不确定性和资源的稀缺性决定的。由于环境时刻发生变化，不断有新的组织进入或者退出，行为体数量的变化会带来组织间竞争关系的变化。此外，环境可提供的资源是有限的，并且或多或少具有稀缺性，因此组织之间会为了生存而竞逐资源。所以，每个组织都试图获取更多的资源，使自身权力最大化，以减少自身对环境的依赖，同时增加其他组织对自身的依赖。

本书之所以引入资源依赖理论，是因为它阐述的环境—组织的关系与市场—企业的关系具有类比性。按照上述资源依赖理论的内容，市场就是外部环境，企业就是组织。首先，组织不是自给自足的，需要与环境进行交换。同样，企业也不是自给自足的，也要依赖市场得以生存。其次，环境提供给组织赖以生存的资源，正如市场提供给企业开放的环境、经营的许可等。企业需要市场提供的资源，因此对市场产生依赖。最后，依赖产生权力关系。在市场—企业的关系中，一方面，市场对企业拥有权力；另一方面，各个企业相互竞争市场资源。这与资源依赖理论中的权力关系是一致的。因此，资源依赖理论为指向型经济激励中的市场—企业关系提供了一个很好的解释路径。

## 二、中国的市场话语权

资源依赖理论从学理层面阐释了市场对企业的作用，如同环境对组织的作用。那么，从操作层面来看，怎样发挥市场的权力杠杆作用，使市场等中国的优势经济资源发挥政治影响力呢？这就需要把理论上组织

---

① 于斌．组织理论与设计 [M]．北京：清华大学出版社，2012：225.

对环境的依赖转化为现实中企业对市场的依赖，也即掌握经济话语权。中国市场是一个有吸引力的磁场，进入其中的外国企业都要受到这个磁场的影响，从而或多或少地改变其原本的行为轨迹。如果这种行为轨迹是朝着有利于中国的方向改变，则指向型经济激励达到了其作用目的。

### 1. 经济话语权

经济话语权属于话语权的范畴，因此在讨论经济话语权之前需要界定话语权的概念。谈到话语权则要追溯到法国哲学家福柯，他最早把话语权作为一个独立的概念使用。福柯的话语权以其微观权力论为基础，将话语与权力嫁接，从权力的视角审视话语背后的意义，以及由意义编织的网络。[①] 福柯的微观权力论认为，"权力是网络化的、弥散的、去中心的，权力渗透在社会生活的各个方面"；以此权力论为基础，他认为话语中的权力无所不在，任何话语背后都隐藏着权力，"话语背后体现的是社会权力关系，话语传递着、生产着权力，它强化了权力"。[②] 然而，这只是话语与权力关系的一面。话语与权力相辅相成，一方面，权力影响、控制话语的形成与变动；另一方面，权力又通过话语来实现。[③] 1970 年，福柯在就任法兰西学院院士时发表题为《话语的秩序》（"The order of discourse"）的演讲，提出了"话语即权力"的著名论断。[④]

福柯的话语权理论成为各个学科研究话语权的基础。国际关系理论也在此基础上提出了本学科对话语权的理解。张志洲通过与"话语"的比较得出"话语权"的概念。他认为，"话语权不是指一个国家的语言（language）被作为话语的普及程度，而是指通过话语（discourse）所包含

---

① 吴瑛.中国话语权生产机制研究：基于西方舆论对外交部新闻发言人引用的实证分析 [M].上海：上海交通大学出版社，2014：21.

② 吴瑛.中国话语权生产机制研究：基于西方舆论对外交部新闻发言人引用的实证分析 [M].上海：上海交通大学出版社，2014：22.

③ 张谊浩，裴平，方先明.国际金融话语权及中国方略 [J].世界经济与政治，2012（1）：112–127.

④ 福柯.话语的秩序 [M]//许宝强，袁伟.语言与翻译的政治.北京：中央编译出版社，2001：3.

的概念、逻辑、价值观、意识形态等因素所产生的影响力"①。江涌认为："话语权是指说话的权力，该权力能以非暴力、非强制的方式改变他人、他国的思想和行为。"② 以这两位学者为代表，他们认为话语权的本质不是"权利"（right）而是"权力"（power），是"通过语言来运用和体现权力"。③ 然而也有其他学者将话语权视为权利，或者认为话语权既是权利也是权力。④ 本书把话语权视为权力，亦即话语产生的影响力。

按照话语权是权力的路径，本书认为，经济话语权是指一国或国家联合体运用自身的经济资源（包括土地、水、矿产等自然资源和市场、劳动力、资本、货币等社会资源）优势，通过话语谋求本国或国家联合体对国际经济事务的表达权、对国际经济议程的设置权和对国际经济规则的制定权等权力。具体来看，本书界定的经济话语权主要有以下几个特征。首先，我们仍然把国家作为国际关系的最主要行为体，并将经济话语权的行为主体扩展到国家联合体。其次，经济话语权的来源是一国的经济资源，并且其优势资源可以发挥影响力，以形成经济话语权。再次，经济话语权与经济权力的不同之处在于其表现形式。经济话语权通过话语这种软性的方式来表达，而经济权力的表现形式比较多样化，既有软性的经济利诱，又有硬性的经济制裁。因此，从资源和运用双重路径界定的权力来看，经济话语权应当属于软性硬权力。⑤ 最后，经济话语权落实到操作层面表现为一国对国际经济事务的表达权、对国际经济议程的设置权、对国际经济规则的制定权等。另外值得一提的是，我们认

---

① 张志洲. 中国国际话语权的困局与出路 [J]. 绿叶，2009（5）：76-83.

② 江涌. 中国要说话，世界在倾听：关于提升中国国际话语权的思考 [J]. 红旗文稿，2010（5）：4-8.

③ 张志洲. 中国国际话语权的困局与出路 [J]. 绿叶，2009（5）：76-83.

④ 此种观点参见梁凯音. 论国际话语权与中国拓展国际话语权的新思路 [J]. 当代世界与社会主义，2009（3）：110-113；中共中央党校省部班课题组. 发出中国的声音：如何进一步提升中国国际话语权 [J]. 中国党政干部论坛，2011（11）：19-23；张忠军. 增强中国国际话语权的思考 [J]. 理论视野，2012（4）：56-59.

⑤ 对权力的分类参见陈志敏，常璐璐. 权力的资源与运用：兼论中国外交的权力战略 [J]. 世界经济与政治，2012（7）：4-23.

为经济话语权的目的并不局限于经济目标，正如本书的主旨是研究如何运用经济权力达到政治外交目的一样。所以，经济话语权既可以用于经济目的，也可以用于政治、外交目的。经济话语权只是经济权力的一种手段，经济话语权可以成为吸引性经济权力运用的一种有效方式。

2. 中国的市场优势

经济话语权中很重要的一个部分就是市场话语权，这也是本章研究的重点。一直以来，西方国家在意识形态和文化价值观方面占据主导话语权，提出了自由、民主、平等、人权等概念。然而，中国提升本国的话语权，一方面，要有批判、有选择性地接受西方固有的话语权；另一方面，要构建具有自身特色的中国话语权。在中国话语权构建中，一个很好的突破口就是中国的经济话语权。以强大的经济实力和巨大的消费市场为契机，中国既可以通过话语权维护国家利益，又可以用柔性的方式运用经济权力展示中国的新型外交理念。如果我们能从经济话语权延伸到政治、外交、文化话语权，层层深入，必定能构建起中国的话语体系。这个过程当然要从中国当前的优势领域开始，那就是经济，而中国经济中的一个重要部分就是中国市场。

比较优势发展战略是指，"要在经济发展的每个阶段上都选择符合自己要素禀赋结构的产业结构和生产技术"[1]。中国经济的高速发展依靠的是自然资源和劳动力的比较优势，而如今市场将成为中国经济新的比较优势。[2] 中国已开始从"世界工厂"转变为"世界市场"。[3] 中国的市场优势体现在两个方面：一是中国拥有巨大的消费市场，二是中国市场可以提供

---

① 林毅夫. 比较优势与中国经济发展 [J]. 经济前沿，2005（11）：4-7.

② 张茉楠. "中国市场"或成新的比较优势 [EB/OL].（2012-12-05）[2021-02-02].http：//jjckb.xinhuanet.com/opinion/2012-12/05/content_416313.htm.

③ "世界市场"："世界工厂"的另一面 [EB/OL].（2013-03-26）[2021-02-02].http：//12365.ce.cn/zlpd/yw/yw/201303/26/t20130326_677752.shtml.

完整的产业供应链。这说明中国市场既有内部消费能力，又有吸引外部投资的能力，具备强大吐纳能力的中国市场将拥有相应的市场话语权。

首先，中国拥有巨大的消费市场。习近平主席在澳大利亚联邦议会发表重要演讲指出："中国 13 亿多人口的市场具有不可估量的潜力，中国经济结构调整和产业优化升级将产生巨大需求。未来 5 年，中国预计将进口超过 10 万亿美元的商品，对外投资规模累计将超过 5000 亿美元，出境旅游人数将超过 5 亿人次。"① 无疑，中国大市场将成为中国经济的新名片。中国经济为世界经济注入新动力，每秒钟 30 多万购买力的中国市场将为外国企业提供新机遇。②2013 年博鳌亚洲论坛 "跨国公司中国区总裁圆桌会议" 后，百威英博啤酒集团全球副总裁说，90% 以上的跨国公司总裁表示，对中国投资有信心，要抓住中国市场。③

其次，中国有较为完整的产业供应链。供应链 "由直接或间接地履行顾客需求的各方组成，不仅包括制造商和供应商，而且包括运输商、仓储商、零售商，甚至包括顾客本身"④。有学者指出，中国的竞争力已不再依赖低薪酬，而是依靠完整的供应链取胜。⑤ 如果只看劳动力成本，那么东南亚国家已经比中国占有优势。但是为什么电子产品、汽车产业的生产线没有转移到劳动力成本更低的东南亚国家呢？这是因为中国市场无法替代。这里所指的就是中国市场的第二个优势，即中国拥有世界上比较合理的工业产业以及完整的产业链。特别是以苹果公司的产品为例，

---

① 习近平在澳大利亚联邦议会发表重要演讲（全文）[EB/OL].（2014-11-17）[2021-02-02].http://politics.people.com.cn/n/2014/1117/c70731-26042371.html.

② 对外开放：改变中国影响世界 [EB/OL].（2014-09-26）[2021-02-02].http://tv.cctv.com/2014/09/26/VIDE1411731042794193.shtml.

③ 王丕屹.中国力量给世界带来信心：博鳌亚洲论坛二〇一三年年会侧记 [EB/OL].（2013-04-08）[2021-02-02].http://theory.people.com.cn/n/2013/0408/c49150-21053246-2.html.

④ 乔普拉，迈因德尔.供应链管理 [M].陈荣秋，等译.北京：中国人民大学出版社，2013：3.

⑤ 苹果为什么在中国生产 iPhone？低薪已非主因 [EB/OL].（2014-10-21）[2015-12-01].http://it.southcn.com/9/2014-10/21/content_110515818.htm.

有人就发问："为什么苹果在中国生产 iPhone 及几乎所有产品？"苹果公司的一位前高管对《纽约时报》说："整条供应链如今都在中国。你需要1000 个橡胶垫圈？隔壁工厂就有。你需要 100 万个螺丝钉？隔街的工厂就有。你需要对螺丝钉做一点小小的改动？ 3 小时就行了。"① 开放程度较高的市场、日益完善的基础设施、较高的劳动力素质，使外国企业更倾向于在中国投资，这是中国建立更完备的供应链的基础。正是因为中国市场巨大，所以可以建立起研发、采购、生产、包装、物流、销售等一整套完整的产业链。同时，因为中国市场巨大，所以能就地消化大量的产品，可以降低生产成本，实现生产、消费的供需平衡。

通过以上分析可以看出，中国的市场优势可以形成市场权力，可以用作市场话语权。国内消费需求和市场潜力巨大是大国经济的重要特征，也是大国综合优势的基本要素。② 伴随着中国经济实力的增强，中国的市场优势已见端倪，因此中国的市场力量不仅是潜在的，而且是现实的。中国市场的吸引力正在追赶中国制造的吸引力，成为拉动世界经济增长的一个新发动机。③ 也有人将中国市场对跨国公司的吸引力总结为中国的市场权力，并且认为中国利用其他国家对中国市场的依赖性，形成了一种市场控制力。这种权力通过各国竞逐中国市场来发挥作用。④ 可以预见，中国的市场权力会不断增强，其表现也会日益显著。从本书的主旨出发，我们依然认为中国不断增加的市场权力也可以使用软性的方式发挥吸引力的作用，即市场话语权。我们倡导把中国的市场权力用作吸引力而不

---

① 苹果为什么在中国生产 iPhone？低薪已非主因 [EB/OL].（2014–10–21）[2015–12–01].http：//it.southcn.com/9/2014–10/21/content_110515818.htm.

② 欧阳峣 . 大国综合优势 [M]. 上海：格致出版社，2011：98.

③ 雷思海 . 善用中国市场的影响力 [EB/OL].（2011–08–24）[2021–02–02].http：//gb.cri.cn/27824/2011/08/24/5190s3348605.htm.

④ 专家称日本无法忽视中国市场权力会慢慢找台阶下 [EB/OL].（2012–10–08）[2021–02–02].http：//finance.ifeng.com/news/special/dazhengjing/maoyizhan/20121008/7115559.shtml.

是强制力，用作诱导型的话语权力而不是强制型的话语霸权。用作诱导型的市场话语权不仅可以吸引外国企业助力中国经济，也可以引导外国企业尊重中国利益。

## 第三节　指向型经济激励的案例：<br>好莱坞追逐中国电影市场

在解释了指向型经济激励的概念、分析了其作用机理之后，本节将以"好莱坞追逐中国电影市场"为案例进一步展开论证。好莱坞电影中的中国形象变化是一个很有意思的现象，它鲜明地展现了以美国对代表的西方世界看待中国的态度。无疑，态度变化背后的真正原因是中国经济实力的变化，是好莱坞电影对中国市场需求度的变化。因此，市场作为稀缺的资源要素，可以对这些追逐市场的经济体发挥指向型的权力作用。

### 一、好莱坞追逐中国电影市场

好莱坞的华人形象最早始于 19 世纪末 20 世纪初的默片时代。[①] 好莱坞电影中的华人形象一定程度上代表了西方国家眼中的中国形象。这个被西方想象、加工、塑造的中国形象经历了约一个世纪的变迁，由坏到好，从恶魔变为拯救者。艺术形象的变化影射了国家间政治关系的冷暖变化，华人在好莱坞电影的形象变化背后是中国国家实力的变化。下面，本书将梳理好莱坞电影中中国形象的变化，并分析这种变化背后的原因。

1. 好莱坞电影中中国形象的变迁

好莱坞电影中的中国形象基本上表现为影片里的中国人形象。好莱坞电影中的中国人形象要追溯到 20 世纪 20—30 年代。这个时期，

---

① 李希光，刘康. 妖魔化中国的背后 [M]. 北京：中国社会科学出版社，1996：237.

好莱坞的银幕上充斥着两个华人形象，一个是"傅满洲博士"（Dr. Fu Manchu），另一个是侦探陈查理（Charlie Chen）。从 1929 年开始，好莱坞拍摄了一系列以"傅满洲"为主角的电影，先后持续约 60 年，"傅满洲"系列电影在当时的美国民众中产生了极其深刻的影响。因为他基本上是美国人接触的第一个，同时又是极其恶劣的一个中国人形象。电影中的"傅满洲"是一个十足的恶魔：他生性残暴、诡计多端；他总是一个人躲在幽暗的角落里调制各种毒药；他暴虐成性，醉心于各种酷刑；他狂妄自大，竟企图控制世界。[1] 当时好莱坞的宣传广告这样描写"傅满洲"："他每一次弯动手指，每一次耸动眉毛，都预示着危险。"[2] 这就是早期好莱坞电影塑造的中国人形象。二战的爆发，使中美结成盟友，中国恶魔暂时不被提及。但二战结束后，"傅满洲"的形象卷土重来。1980 年，好莱坞又拍摄了《傅满洲的阴暗计划》，继续利用恶劣的"傅满洲"形象抹黑中国。无疑，"傅满洲"的形象为好莱坞电影妖魔化中国埋下了恶根。

陈查理是与"傅满洲"同一时期出现在好莱坞银幕上的另一个中国人形象。陈查理系列电影共拍了 45 部。虽然与"傅满洲"的形象相比，陈查理的形象已经较为正面，作为侦探的他象征着法律、正义，有一定的智慧，但他也逃不过被好莱坞丑化的命运，最终只能是一个"中国小丑"。影片里的陈查理举止谦恭，一副卑微的奴才相。他外表柔弱，完全没有男人的阳刚气；他说话吞吞吐吐，不仅满口英文的语法错误，言语中还夹杂着"之乎者也"。[3] 可想而知，陈查理这样陈腐不堪的形象只能成为美国人眼中的丑角和笑料。好莱坞塑造的这两个华人形象，说明在西方人眼里，不管是来自异族可怕的恶魔，还是被西方驯化的所谓"华人精英"，

① 李一鸣.银幕谎言：好莱坞电影中妖魔化的华人形象 [J].大众电影，1997（7）：16-19.

② 琼斯.美国银幕上的中国和中国人（1896—1955）[M].邢祖文，刘宗锟，译.北京：中国电影出版社，1963：54.

③ 李希光，刘康.妖魔化中国的背后 [M].北京：中国社会科学出版社，1996：242.

归根到底都是西方价值观里的"他者"，都是愚昧丑陋、要被蔑视与被铲除的异类。

20世纪30年代后期，日本发动的侵华战争激起了外界对中国人民的同情，美国也把中国视为盟友。此时美国媒体以日本人的形象替换中国恶魔的形象，华人的形象得到了一定的改善。1937年改编于赛珍珠同名小说的电影《大地》(*The Good Earth*) 在美国上映，一时引起极大的轰动。影片讲述了普通的中国农民王龙和他的妻子阿兰，勤劳勇敢、不畏艰险，敢于同恶劣的自然环境作斗争，从而凭借自己的努力摆脱贫困，过上了幸福生活的家庭故事。[①] 这部影片塑造了中国人坚强、善良的形象，王龙一家的艰苦奋斗和苦尽甘来打动了美国观众。这是"好莱坞第一次用现实的手法描写中国的重要而认真的尝试"[②]。对于早期讲述中国的好莱坞电影来说，《大地》第一次抛开了意识形态的界限以及种族偏见，客观地展现了中国人的人性，第一次把中国人当作真实的活生生的人来描述，把中国人看作同其他国家其他民族的人们一样的人，而非让他人不寒而栗的恶魔。虽然影片也表现了中国多灾多难、贫穷落后的一面，但是不得不说，《大地》对中国人形象的塑造已经是一个突破，它对改善美国人对中国的印象起到了积极作用。[③]

冷战爆发后，美国抛弃了二战期间把中国作为盟友的定位，重新回归敌视和偏见。此时好莱坞电影中的中国形象又变成了令人恐慌的敌对分子。1962年发行的《诺博士》(*Dr. No*) 就是一部结合了种族主义和冷战意识的影片。[④]《诺博士》是著名的"007"系列电影的第一部。它讲述了英雄詹姆斯·邦德 (James Bond) 受命前往牙买加进行调查，发现中国人

---

① 李希光，刘康.妖魔化中国的背后 [M].北京：中国社会科学出版社，1996：244.
② 琼斯.美国银幕上的中国和中国人（1896—1955）[M].邢祖文，刘宗锟，译.北京：中国电影出版社，1963：33.
③ 周文萍.当今美国电影里的中国资源与中国形象 [D].广州：暨南大学，2009：94.
④ 李希光，刘康.妖魔化中国的背后 [M].北京：中国社会科学出版社，1996：249.

诺博士占据了那里的一个小岛，并纠集了一群精良装备的中国士兵，在岩石山洞中秘密研制和安设核武器，最终邦德成功捣毁诺博士的阴谋集团，为美国铲除安全隐患的故事。① 片中的诺博士穿着中山装，戴着黑手套，他同傅满洲一样神秘而残忍，也同傅满洲一样是一个企图毁灭世界的魔鬼。从这些梳理中我们可以看出，好莱坞对他国形象有极强的塑造能力，并且形象的好坏美丑与政治密切相关。所以有学者指出，好莱坞在政治上始终与美国的主流意识形态保持一致，始终恪守"政治正确"的传统。②

冷战结束，进入 20 世纪 90 年代，伴随着中国的改革开放、国力提升，以及华人越来越多地进入美国社会，中国人的形象变得越来越真实和正面。虽然先前"傅满洲"式的妖魔化中国的手法已经没有了生存的土壤，但是美国媒体仍未完全放弃妖魔化中国的企图。有学者指出，20 世纪 90 年代，美国媒体又出现了妖魔化中国的新手法，他们赞扬善良的中国人而诋毁中国为邪恶的帝国，硬生生地要把中国人和中国政府对立起来。③ 而 1997 年，好莱坞连续推出 3 部反华影片：《西藏七年》(*Seven Years in Tibet*)、《达赖的一生》(*Kundun*)、《红色角落》(*Red Corner*)。这三部影片歪曲事实、丑化中国共产党和中国政府、攻击中国的西藏政策、鼓吹西藏独立。这些极具政治目的的影片严重损害了中国国家形象，因此，看似软性的文化艺术（特别是电影）手段不可小觑，它同样能达到侵犯他国利益的硬性目的。

进入 21 世纪，好莱坞的中国形象可谓毁誉参半。21 世纪头十年，好莱坞电影呈现出"双面"中国人的形象，正面、负面兼有。首先列举几个正面形象的例子。如 2007 年上映的电影《面纱》(*The Painted Veil*)，片

---

① 李希光，刘康．妖魔化中国的背后 [M]．北京：中国社会科学出版社，1996：249．
② 吴卫华．审视与反思：好莱坞的中国故事和中国形象 [J]．江汉论坛，2013（5）：100-105．
③ 王炎．从好莱坞中国题材影片看西方的中国想象 [N]．文艺报，2008-05-10．

中国民党军官余团长早年在俄国接受过军事培训，通晓英语和俄语，他面对外国人时的不卑不亢、面对军阀头子时的机智幽默，展现了一个有勇有谋、爱国爱民，有真性情、大智慧的中国男性形象。再如2008年上映的电影《黄石的孩子》（*The Children of Huang Shi*），周润发在影片中饰演新四军的游击队队长陈汉生，他在危难关头解救了来自英国的战地记者乔治·何克（George Hogg），并在战争逼近的时候毅然与何克带领60名孩子踏上了漫长的逃亡之旅。影片塑造了较为正面的中国军人形象。还有，2008年美国梦工厂推出了广受欢迎的动画片《功夫熊猫》（*Kung Fu Panda*），片中大量运用了中国元素，如太极、书法、鞭炮、筷子、包子、面条、豆腐、针灸等，再加上"功夫""熊猫"这样的中国名片，所以跟1998年迪士尼制作的动画电影《花木兰》——中国式的外壳、西方式的精神——相比，《功夫熊猫》更加中国化。[1]《功夫熊猫》不仅展现了中国元素，更抓住了中国文化的精髓，无形中传递了天人合一的人生境界，以及"有即是无，无即是有"的道家思想等。因此，《功夫熊猫》的两位导演，马克·奥斯本（Mark Osborne）说"对中国的传统文化充满敬意"[2]，约翰·史蒂文森（John Stevenson）说《功夫熊猫》是"写给中国的一封情书"[3]。

以上是对中国形象进行正面塑造的影片，但同时期也有一些依然丑化中国形象的影片。例如，2008年上映的电影《木乃伊3：龙帝之墓》（*The Mummy：Tomb of the Dragon Emperor*）作为中美合拍片却展现了邪恶的世界魔王"秦王"的形象。片中李连杰饰演的龙帝残暴虐杀、百姓苦不堪言，并且还对世界构成了威胁，复活后的龙帝化身为三头龙的怪

---

[1] 王艳，薛英英. 从《花木兰》到《功夫熊猫》：论美国动画电影中的中国形象 [C]// 浙江大学中国现当代文学与文化研究所. "百年中国文学与中国形象"国际学术研讨会论文集. 2010：262-271.

[2] 《功夫熊猫》导演：我对中国充满敬意 [EB/OL]. （2008-06-24）[2021-02-02].https：//yule.sohu.com/20080624/n257699510.shtml.

[3] 新闻晨报："《功夫熊猫》是写给中国的情书" [EB/OL]. （2008-05-26）[2021-02-02].http：//ent.ifeng.com/movie/zhuanti/cannes61/pinglun/200805/0526_3341_562062.shtml.

兽，口吐烈火、翅膀遮天。影片因涉嫌辱华，删剪后才得以在内地上映。2007 年上映的《加勒比海盗 3：世界的尽头》（*Pirates of the Caribbean：At World's End*）也是同样的情况。周润发在片中扮演海盗船长啸风，他光头、烂面、刺青、长胡子、长指甲，这一现象说明好莱坞仍未跳出妖魔化中国的窠臼。周润发在片中的戏份最终也是因"有损华人形象"被删剪了一半。

从以上梳理可以看出，好莱坞电影中的中国形象始终在善与恶、美与丑之间摇摆和波动。从现实层面来看，好莱坞是美国政治的风向标、晴雨表。就像美国在政治军事上总是需要假想敌一样，好莱坞也总在影片中寻找"坏蛋"。从认识层面来看，西方把东方视为"他者"，东方形象变化的实质是西方观念的变化。东方存在的意义在于，有助于西方"将自己界定为与东方相对照的形象、观念、人性和经验"[1]。关于中国形象变化的原因，周宁认为：

> 中国形象是西方文化关于"他者"的想象。……西方文化习惯于通过将自身对立于"他者"进行自我认同、自我定义。"他者"指特定文化为确立以自身为中心的价值与权力秩序、为表现文化主体自身的观念、想象、价值、信仰与情感，而塑造的一个与自身对立的文化影像。这个文化影像可以是理想化的，表现欲望；也可以是丑恶化的，表现恐惧，犹如所有关于"黄祸"或"中国威胁"的传说。……中国形象的文化功能并不在于反映中国的现实，而在于表现西方文化自身关于"他者"空间的想象。[2]

所以，英国诗人艾略特（T. S. Eliot）说："中国是一面镜子，你只能看到镜中的自己，永远也看不到镜子的另一面——中国。"

---

[1] 萨义德. 东方学 [M]. 王宇根，译. 北京：生活·读书·新知三联书店，2007：2.
[2] 周宁. 跨文化研究：以中国形象为方法 [M]. 北京：商务印书馆，2011.

形象不只是观念、想象，它也反映现实。西方对中国妖魔化的形象塑造是文化霸权的体现，而文化霸权的根源是经济霸权、政治霸权。萨义德（Edward W. Said）说，"东方形象并非都出自想象"①，其实东方也是西方自身文明和文化的一部分。他还认为，东方学"如果不同时研究其力量关系（即权力结构），观念、文化和历史这类东西，就不可能得到认真的研究或理解"②。

以上主要分析了西方对中国看法的变化，并将这种变化归结为西方文化自身对他者的"投影"，下文将考察曾经只能被塑造的中国，在怎样的力量变化下拥有了形象塑造的主动权。

2. 好莱坞电影与中国市场

1994年，国家电影局授权中国电影公司每年可以进口10部国外电影，要求能展示世界优秀文明和技术成就，并且能够表现电影艺术。③随着这一政策的出台，《亡命天涯》（The Fugitive）、《真实的谎言》（True Lies）等好莱坞大片开始进入中国。2001年中国加入WTO后，进口影片的配额增加到20部。经过10年对国内电影的保护期，到2012年2月，中美双方就解决WTO涉及的电影相关问题最终达成协议，规定中国以后每年将增加进口14部美国电影，进口电影以3D和IMAX电影为主，美国电影的票房分账比例将从13%提高到25%。④2012—2015年，中国电影市场处于井喷状态。据BBC报道，2012年，中国票房收入比2011年增长36%，达27亿美元，已经成为全球第二大电影市场。⑤2013年，中

① 萨义德. 东方学 [M]. 王宇根，译. 北京：生活·读书·新知三联书店，2007：2.

② 萨义德. 东方学 [M]. 王宇根，译. 北京：生活·读书·新知三联书店，2007：8.

③ 周文萍. 当今美国电影里的中国资源与中国形象 [D]. 广州：暨南大学，2009：15.

④ China to give studios more access[N/OL]. （2012-02-18）[2021-02-02].http://articles.latimes.com/2012/feb/18/local/la-me-0218-chinese-jinping-20120218.

⑤ China becomes world's second-biggest movie market[N/OL]. （2013-03-22）[2021-02-02].http://www.bbc.co.uk/news/business-21891631.

国电影票房突破 200 亿元大关，达到 36 亿美元，成为北美之外首个票房超过 30 亿美元的电影市场。[①]2014 年，中国电影票房同比增长 34%，达到 48 亿美元，也是北美之外首个票房总额突破 40 亿美元的电影市场，中国已经连续三年蝉联全球第二大票仓。[②]2015 年上半年，中国电影票房已突破 32 亿美元，同比增长 48.17%。[③]

鉴于潜力巨大的中国电影市场，好莱坞大打"中国元素"牌，包括起用中国演员、运用中国元素，甚至还在关键情节上讨好中国。例如，在起用中国演员上，2012—2013 年上映的好莱坞大片《环形使者》(*Looper*)（许晴）、《钢铁侠 3》(*Iron Man 3*)（范冰冰）、《云图》(*Cloud Atlas*)（周迅）、《生化危机 5：惩罚》(*Resident Evil：Retribution*)（李冰冰）等纷纷邀请中国女明星加盟。虽然一直有评论认为这些女演员在好莱坞电影中有"打酱油"的嫌疑，但是不可否认，这些中国面孔拉动了中国观众的观影热情，也拉近了好莱坞与中国的距离。再看中国元素的运用。2014 年上映的《变形金刚 4》(*Transformers：Age of Extinction*)不仅能看到李冰冰、吕良伟、韩庚、邹市明等中国演员，更能看到大量的中国场景和中国广告。更值得一提的是，影片将后 40 分钟的高潮剧情都放在了中国香港，其战斗的烈度、长度和复杂性都为系列第一，在影史上也相当罕见。[④]又如 2013 年上映的电影《007：大破天幕杀机》(*Skyfall*)，导演对中国元素的运用非常巧妙。影片中大厦玻璃幕前的动作戏展现了绚丽的上海夜景，邦德乘坐龙舟穿梭于澳门赌场之间，以及那倒映在水中的大

---

① 黄会林.银皮书：2013 中国电影国际传播年度报告 [M].北京：北京师范大学出版社，2014：2.

② 田颖.2014 年中国电影票房 48 亿助全球票房增长 1%[EB/OL].（2015-03-13）[2021-02-02].https：//www.chinanews.com/yl/2015/03-13/7126102.shtml.

③ 2015 年上半年电影市场回顾 电影票房大爆发 [EB/OL].（2015-07-23）[2021-02-02].http：//www.qianzhan.com/analyst/detail/220/150722-879bf0e2.html.

④ 后 40 分钟中国元素真的停不下来 [N/OL].（2014-06-27）[2021-02-02].http：//epaper.bjnews.com.cn/html/2014-06/27/content_520400.htm?div=-1.

红灯笼，完美地表现了迷幻的中国风情。另外，好莱坞大片中也出现不少由中国元素推动的关键情节。例如电影《2012》描述了在地球即将毁灭时，中国的喜马拉雅山成为人类最后的避难所，神话般的"诺亚方舟"是中国制造的，并且最终拯救地球的不是美国超人而是中国军人。同样是科幻大片的《地心引力》（*Gravity*），将关注点从中国制造转向了中国航天，片尾讲述了得益于中国的"天宫一号"和神舟飞船，在太空事故中幸存的女航天员才得以重返地球。

从以上这些表现可以看出，好莱坞对中国的态度越来越积极，甚至还有主动迎合的态势。这些让中国观众感到有些"受宠"的变化源于中国世界第二大经济体的地位，以及中国成为世界第二大电影市场的实力。中国巨大的人口蕴含着巨大的市场潜力，中国不断增强的经济实力又使这种潜力可以变成现实的消费能力。2013年，派拉蒙影业亚太及拉美地区高级副总裁马克·维恩（Mark Viane）在接受采访时说："中国无疑将是最重要的一块市场"，中国电影市场还有很大的未被挖掘的潜力。[①] 市场是一切商品经济的生命，电影也不例外。好莱坞电影运用的中国元素越多，则从侧面表明了中国市场的价值越大。

甚至还有案例表明，为了争取中国市场，好莱坞也会改写剧本、改变人物形象、改编故事情节。2009年，米高梅翻拍电影《赤色黎明》（*Red Dawn*）。1984年版的《赤色黎明》讲述苏联入侵美国，美国青年奋起反抗的故事。由于苏联的解体，翻拍剧中的苏联军队就变成了中国军队。但电影完成后，由于担心得罪中国，最后不得不用技术手段抹掉片中的中国国旗和中国军队的标志，把剧中的"坏蛋"中国人变成了对美国的钱袋子没有丝毫影响的韩国人。因此，《洛杉矶时报》就评论道："北京一语不发，米高梅就正在把《赤色黎明》里的'坏蛋'换成韩国人"，因为其知道

---

① 中国市场："还没有挖掘出真正潜力" [EB/OL]. （2013-08-21）[2021-02-02].http：//news.mtime.com/2013/08/15/1516414-3.html.

中国市场对美国电影公司有多重要。① 不管是增加中国元素还是删除敏感内容的举动，都是应对市场规律作出的改变，以赢得中国市场。但是我们应该清醒地看到，像《钢铁侠3》这样通过"中国特供版"来打开中国市场的方式是不可持续的。

不管好莱坞电影讨好中国观众的方式是完美还是拙劣，从结果上看，这些改变对中国形象的塑造都是有利的。中国电影市场对美国好莱坞制片公司不断开放，给这些公司带来新的和不断扩大的增量经济利益。在给予这些增量利益的同时，中国政府也对引进影片和合拍片的内容设定了一系列规则，以引导有关电影公司在影片中消除对中国的丑化现象，推动中国积极形象的塑造。同样，为了让本公司的电影能够顺利进入中国市场，好莱坞的各家公司在影片的制作过程中也自动减少甚至删除有关中国的负面形象。美国南加州大学东亚研究中心主任骆思典（Stanley Rosen）在《电影的公共外交：为何好莱坞对中国的宣传要比其自己的电影更有效？》一文中指出："好莱坞一直非常谨慎力争其电影对中国表现友好，过往的经验让他们学到，如果违背这一条，他们将会受到惩罚：要么他们的电影会惹怒中国观众而失去票房，要么将遭到中国官方的完全禁映。"② 这就是市场话语权。对市场话语权的恰当运用能够有效地维护国家利益，提升国家形象。

## 二、以市场话语权实现指向型经济激励

电影作为一种艺术手段具有价值观传播、形象塑造的作用，这就决定了我们必然要关注外国电影中的中国形象。同时，作为一种商品，电影赖

---

① Reel China：Hollywood tries to stay on China's good side[N/OL].（2011-03-16）[2021-02-02].http：//articles.latimes.com/2011/mar/16/entertainment/la-et-china-red-dawn-20110316.

② 骆思典. 电影的公共外交：为何好莱坞对中国的宣传要比其自己的电影更有效？[J]. 张爱华，译. 电影艺术，2012（3）：13-16.

以生存的载体是市场。而市场又是当前中国经济的优势选项，所以中国可以通过市场话语权监管和引导外国电影，使其朝着有利于我国形象和利益维护的方向发展，从而实现指向型经济激励的目的。但是指向型经济激励的作用对象并不局限于电影产业。对于其他一切依赖于中国市场的经济活动，中国都可以通过指向型经济激励的方式来影响其政策行为。

### 1. 电影追逐市场

电影是一种传播媒介，它用镜头，并且辅以文字、声音、画面等进行呈现，或展示自然现象或记录人类的生活状况，以此来表达媒介主体的思想，向媒介客体传递信息。[①]关于电影是什么，即电影的特性，学术界一直都有多种争论的观点，如电影作为科技、电影作为艺术、电影作为文化、电影作为商业、电影作为媒介等不同的视角[②]，并且也由此产生了电影经济学、电影心理学、电影哲学等种类繁多的电影学次级学科。但是仅从其中的一个方面是无法全面地认识电影的，"电影既不是单纯的审美现象，也不是单纯的艺术现象，更不是单纯的经济现象"[③]，而是兼具艺术、文化、商品特性的"三位一体"的事物。

对于电影的上述三个属性，本书作为政治学的研究暂且不讨论电影的艺术性，而着重讨论电影的文化属性和商品属性两个方面。首先来看电影的文化属性。我们之所以对外国电影设置审查制度，其根本原因就在于电影渗透着文化因素。沃尔特·李普曼（Walter Lippman）认为，媒介往往把虚构的形象强加给现实，而"电影正持续不断地丰富人们的意象"，"没有任何形象化手段能与电影相媲美"。[④]占有话语权优势的国家可以利用他们的文化手段（包括电影）任意塑造他国形象，这种形象或好或坏。

---

① 王志敏，赵斌. 电影学 [M]. 北京：北京大学出版社，2015：166.
② 陈晓云. 电影学导论 [M]. 北京：北京联合出版公司，2015：3—77.
③ 王志敏，赵斌. 电影学 [M]. 北京：北京大学出版社，2015：18.
④ 李普曼. 公众舆论 [M]. 阎克文，江红，译. 上海：上海人民出版社，2006：68.

而坏的形象一旦先入为主则很难改变，这就形成了一种文化硬权力。① 发展如此完善的好莱坞电影不仅仅是一个产业，在一定历史时期和一定程度上也成为一种带有意识形态色彩的国家机器。② 好莱坞电影是如何传导意识形态的呢？它是通过一种"缺席"的"在场"的方式，即它们并非直接强制地向其受众灌输意识形态，而是将其想要表达的思想非常含蓄地隐藏在了电影的内容里，所以这种意识形态的表达看似"缺席"实则"在场"，并且经过长期的思想熏陶，受众会默认为这是自身的意识，而非外来的。③ 电影的权力来源在于它可以选择呈现和不呈现的东西，进而使这些东西被加工改造成为一些形象、观念、意识等。那些与事实不符而由臆想得出的形象和观念会固化为偏见和成见，而这种成见和偏见一旦固定下来，则会自动吸收与之相符相近的观念，而本能地排斥与之相悖相远的观念。这就是形象和观念被肆意塑造的可怕之处，因此各国都在试图传播自身真实正面的国家形象，避免和抵制被扭曲或丑化的国家形象。

但是电影等文化手段也并非可以肆意妄为，它们的软肋就是本书将要讲到的因素——市场。作为商品，电影的价值要在市场上进行检验，这就是电影的商品属性。电影的商业性是其根本属性之一。电影如同其他商品一样具有价值和交换价值，并且要进入流通领域进行交换，其交换出的价值就表现为票房收入。④ 电影的商品属性决定了电影赖以生存的环境是市场。在这里，市场通过两种方式发挥作用。其一，我们所说的电影追逐市场，其实质是电影追逐市场中的观众。更强的熟悉度、融入感和自豪感能增加观众的认同，从而拉近电影与观众的距离。相反，如

---

① 文化硬权力从"硬性软权力"得来，指一国把软性的文化资源硬性运用以达到强制的目的，如抹黑、妖魔化等。"硬性软权力"的概念参见陈志敏，常璐璐.权力的资源与运用：兼论中国外交的权力战略 [J]. 世界经济与政治，2012（7）：4-23.

② 徐德林.好莱坞，中国电影的敌人？[J].世界知识，2012（7）：60-61.

③ 徐海龙.好莱坞电影的意识形态与文化（1967—1983）[M].北京：首都师范大学出版社，2013：181.

④ 颜纯钧.电影的商业性和商业性的电影 [J].当代电影，1998（2）：55-63.

果一部电影让观众产生的是陌生感、排斥感甚至侮辱感，则不仅会受到观众的抵制，也必将失去宝贵的市场。后者产生的经济损失将是不可估量的，电影公司的形象损失也是无法弥补的。这就是市场经济的规律，即商品要符合市场的需求方能生存。其二，除了市场规律的自动调节之外，政府也可以使用市场杠杆进行宏观调控。也就是说，一国政府能够决定对外国电影开放多大的市场，以及对哪些电影开放市场。这就是各国都会实施的进口电影审查制度。那么，一部电影要想打开他国市场，首先要在政治上尊重他国，不触犯他国利益、不损害他国形象。因此，外国电影要做到政治正确，同时准确把握其受众的偏好，再加上自身的艺术吸引，才能赢得更多的观众和更大的市场。

小小的电影却有极大的影响力。与其他传媒手段相比，电影的优越性表现在它能以极小的成本获取极佳的效果。这种效果表现为传递信息、表达思想、褒扬批判，甚至观念诱导。所以有学者说，美国对好莱坞的重视程度可见一斑，它们把电影也作为自己内外政策的一种手段。[①] 由此可见，有些国家对电影的重视已经上升到国家战略层面。当然，中国如今也很重视中国电影的国际传播，重视通过文化手段讲好中国故事。并且，随着中国经济的飞速发展，中国电影市场经历了较长时间的沉寂之后在近几年迸发生机，成长迅速。不过本书不研究中国电影如何进入国外市场，而是以外国电影为主体，以中国市场为受体，研究外国电影如何为中国市场作出改变，中国如何运用市场权力使外国电影里的中国形象更加积极、正面。我们如此重视电影的媒介作用，是因为它是一个极其有效的话语工具。按照李普曼的分类，人类生活的世界存在两个环境：一个是现实世界的"客观环境"，另一个是人头脑中产生于意识和想象的"虚拟环境"。在现代社会中，虚拟环境所占的比重越来越大，这既是因为人没有完全认识世界的

---

① 弗雷泽.软实力：美国电影、流行乐、电视和快餐的全球统治[M].刘满贵，等译.北京：新华出版社，2006：31-33.

能力，也是因为媒介的存在使我们在自己去认识这个世界之前已经被告诉了世界是什么样的。[1] 因此，在虚拟环境中，争取话语权就变得尤为重要。就本章的案例来讲，中国要充分借用好莱坞追逐市场、追逐利益的特性，利用市场优势掌握中国形象塑造的话语权。

### 2. 市场发挥权力作用

市场是经济要素中至关重要的一个部分。由于其稀缺性，市场自然成为企业之间竞逐的对象。对于经济体来说，市场是生命线；对于国家来说，市场是权力资源。这里讲到的市场权力是指国家的市场权力而非企业的市场权力，是宏观意义上的市场而非微观意义上的市场。如果企业的市场权力是指企业对市场的占有率和对其他相关行为体的影响力[2]，那么国家的市场权力就是指拥有更大市场资源的国家对市场中其他相关行为体的控制力和话语权。这里我们仅把市场权力中的"市场"视为一种现实存在的资源，而不去打开"市场"的内核，不探讨它的运行规律。

市场之所以能够发挥权力作用，是因为市场是国家权力的来源之一，"经济资源和市场状况决定国家的战略和外交力量"[3]。对市场权力运用最充分的应该是市场最完善的行为体。以欧盟为例，欧盟就充分重视并且很好地运用了自身的市场资源。所以，有学者把欧盟称为"市场权力的欧洲"（market power Europe）[4]，即认为欧盟拥有"世界上最大和最先进的工业化市场"，欧盟的单一市场是"市场权力的欧洲"的基础，它能够使欧盟在多边议程中将其作为权力加以运用。[5] 赫尔曼·范龙佩（Herman van

---

① 李普曼. 公众舆论 [M]. 阎克文，江红，译. 上海：上海人民出版社，2006：67.

② 尹贻君，李健. 企业市场权力的理性决策 [J]. 商周刊，2014（17）：78-79.

③ 丁志刚. 论国家权力与市场力量在国际关系中的作用 [J]. 世界经济与政治，1998（2）：53-56.

④ "市场权力的欧洲"是相对于"规范权力的欧洲"（normative power Europe）而言的，详见达莫. 市场权力的欧洲：外化和多边主义 [M]// 布沙尔. 欧盟与21世纪的多边主义. 薄燕，等译. 上海：上海人民出版社，2013：144-145.

⑤ 达莫. 市场权力的欧洲：外化和多边主义 [M]// 布沙尔. 欧盟与21世纪的多边主义. 薄燕，等译. 上海：上海人民出版社，2013：149-152.

Rompuy）说："我们仅占世界人口的 7%，但是我们创造了全世界 22% 的财富（与美国创造世界财富的 21%，中国 11.5%，印度 4.7% 相比）。把欧盟作为整体来看，我们是世界上第一大经济体，超过美国、中国、日本。"① 欧盟的《单一市场评论》等文件中也写道："欧盟迅速扩大到 27 国，总人口接近 5 亿的消费者成为世界上最大的进口市场。"② 正是基于这样的现实，欧盟认为自身拥有巨大的市场和相对的经济权力，这些因素不仅可以吸引其他行为体，还可以影响其他行为体，包括使这些行为体遵守欧盟的规则、接受欧盟制定的标准等。以欧盟做类比，当前的中国也拥有这样的市场优势。中国的 GDP 世界第二，有人口庞大的国内市场，不仅市场巨大，而且潜力最大。西班牙对外银行（BBVA）发布的"全球市场权力指数"显示，中国市场不仅在新兴经济体中显示出最大的价值，并且在其调查的全部国家中排名第一，超过了美国。③ 从当前中国经济和中国市场的状况来看，我们应当重视市场资源，恰当地把其作为权力来运用。并且，市场权力也应当是经济权力研究中的一个重要方面。

为了使市场发挥权力作用，一国可以在遵循 WTO 规则的前提下，运用经济杠杆、行政杠杆，通过市场监管和市场准入实现对市场的收放控制。在市场经济条件下，外国企业为了赢得更大的中国市场，会自动调节其行为以尊重中国国家利益、维护中国国家形象。而一旦有外国企业损害中国利益或中国形象的情况发生，中国政府可以使用市场手段造成压力以促使其改变。以市场发挥指向型经济激励的优势在于它能够准确定位并且效果显著。

① 达莫.市场权力的欧洲：外化和多边主义 [M]// 布沙尔.欧盟与 21 世纪的多边主义.薄燕，等译.上海：上海人民出版社，2013：149-150.

② 达莫.市场权力的欧洲：外化和多边主义 [M]// 布沙尔.欧盟与 21 世纪的多边主义.薄燕，等译.上海：上海人民出版社，2013：158.

③ BBVA Research.The multifaceted world of exports：How to differentiate between export-driven strategies[R]. Madrid：Economic Watch，2014：8.

# 第六章　施压型经济激励

与结构型经济激励、扩散型经济激励和指向型经济激励不同，施压型经济激励是一种反向激励，而其他三种属于正向激励。显而易见，反向激励与正向激励的作用方式不同，它不是通过给予利益来吸引对方，而是通过撤回或延缓利益迫使对方改变。尽管反向激励与正向激励的作用方向恰好相反，但两者的作用目的都是激励，作用结果都是使事情朝着有利于自己的方向发展。本章将从概念和作用机理方面展示这种较为特殊的吸引性经济权力——施压型经济激励，并辅以中欧航空碳税的争端进行案例分析。

## 第一节　施压型经济激励的概念

辨析施压型经济激励的关键在于理解什么是允诺的利益。允诺的利益是相对于实际已经给予的利益而言的，是区分施压与制裁的重要标准。在施压型经济激励这一概念中，施压是手段，激励是目的，虽然施压是一种反向手段，但是仍然可以达到正向激励的目的。施压和激励是可以矛盾统一的。不仅从理论上看是如此，在实际的外交运用中，反向手段也是不可或缺的。下文将介绍施压型经济激励的概念核心及其矛盾统一性。

## 一、允诺的利益

当前对允诺的解释主要集中在法学领域。允诺原则是指，"之前没有任何义务存在的前提下，人们可以自愿地（通过契约或其他的意思表示如单方允诺）为自己设定义务的原则"①。这个定义中的一个关键点就是"之前没有任何义务存在"，即双方没有权利义务关系，这是允诺的第一个特点。另外，"允诺的自发性意味着允诺之意思表示的单方性"，"简约是双方当事人的合意与协议，而允诺只涉及单方面的承诺"。②这个界定给出了允诺的第二个特点，即单方性。允诺的第三个特点是条件性。允诺或称单方允诺，它之所以被称为"单方"，是因为这种行为以表意人一方的意思表示即成立。但是这并不意味着相对人不需要作出任何意思表示，更不意味着单方允诺是由单独的一方便可以实施的。它同其他的合同和契约一样，需要同时具备法律关系的双方才得以实施。并且虽然单方允诺只涉及表意人的意思表示和义务设定，但是这里面暗含着生效条件，即"不特定的相对人按表意人的要求完成了特定行为或符合特定条件之时起才得请求表意人履行诺言"③。这就是说，相对人如果完成了特定行为或符合特定条件，则表意人必须履行相应的承诺；而相对人如果没有完成特定行为不符合特定条件，则表意人不必履行或可以停止履行相应的承诺。

根据法学对单方允诺的解释，本书将其对照应用在国际关系中，认为允诺就是在之前没有任何权利义务关系的前提下，我方单方面给予他方的口头利益承诺。根据上述的单方允诺的三个特点可以看出，首先，

---

① 黄美玲. 允诺原则之历史解释 [J]. 环球法律评论，2014（5）：49–63.

② 徐涤宇，黄美玲. 单方允诺的效力根据 [J]. 中国社会科学，2013（4）：141–160.

③ 金可为，崔岩双. 单方允诺初探 [J]. 天津市政法管理干部学院学报，2001（2）：22–25.

允诺不是补偿，因为双方之前没有利益纠葛；其次，允诺是一个单方行为，因为双方并没有形成具有约束效力的协议，只是一个意向或者是承诺；最后，允诺的完成需要条件，即"对价"（consideration）。对价是指双方所交换的对象。允诺完成的过程是，允诺人以自己的允诺与受允诺人交换他想要的东西。所以，当允诺人得到他所要的东西时，允诺顺利完成；而允诺人没有得到他想要的东西时，他可以拒绝给予对方允诺。在引入了法学的允诺概念，并且梳理了本书中允诺的含义之后，我们就可以明确地说，暂停允诺的利益这种行为并不对对方造成实质性的损害，因为允诺不是契约，并且允诺的顺利给予需要交换的顺利进行作为前提。这就是施压型经济激励依然能够称为"激励"的根本原因。

## 二、施压和激励的矛盾统一

看似矛盾的两个概念其实有内在的统一性。当我们把"援助"和"激励"放在一起的时候，会自然认为两者是同一类事物。而把"施压"和"激励"放在一起的时候，会觉得它们是相反的概念。不过援助和施压都是手段，或者说是现象，而激励是目的，或者说是本质。按照马克思主义的矛盾论和辩证法，我们应该透过现象看本质。就像不是所有援助的目的都是激励一样，某些援助背后也可能有强制或霸权企图。所以，以事物的本质来作判断的话，施压型经济激励中的"施压"和"激励"仍然可以很好地统一起来。同样，按照马克思主义事物是变化发展的原理，我们也应该用发展的眼光来看待施压型经济激励。与其他几种激励形式由激励直接到结果的作用机制不同，施压型经济激励要经历"允诺给予—延缓给予—行为改变—重新给予"这样的过程。所以，对施压型经济激励的认识要把眼光放得更长远，要放在一定的时段内进行观察，才能得出更准确的判断。

当搜索施压的相关文献时，笔者看到的几乎都是研究美国对中国的经济施压。从中足以看出，中国对反向手段的使用是极少的。而面对复杂的国际形势和世界强权政治依然存在的情况，中国有必要适时地使用施压等反向手段。与军事手段和经济制裁手段相比，施压型经济激励还是一种比较缓和的反制手段。完全使用正向手段必然不能解决所有外交问题，并且也会使外交缺乏活力，层次感和区分度不足。外交手段的选取当由事件的性质来决定，当与我国的国家利益相向时，则使用正向手段；与我国的国家利益相悖时，则使用反向手段。在外交中恰当地使用反向手段，或者说恰当地组合使用正反两种手段，不仅能有效地维护国家利益，也是大国外交的魅力所在。

## 第二节　施压型经济激励的作用机理

本书认为，施压型经济激励的作用原理可以从两方面来理解。其一，若要使用施压型经济激励的手段，必须把自身的优势与对方的优势联结起来，找到恰当的切入点去讨价还价或进行利益置换。其二，施压型经济激励的直接手段是施压，但其最终目的是激励。之所以使用施压，不仅因为长期使用正向激励会出现疲劳，也因为反向激励具有"直达患处"的效果。因此，施压型经济激励的第一步是"联系"，第二步是"施压"，最终目的是改变他者的行为。

### 一、联系战略

联系战略中的联系指的是议题之间的联系。在外交谈判中，议题联系是一种常用的谈判手段；在国际政治中，事物之间的联系也是国家权力的来源。"联系是国际政治的核心分析问题。"① 联系分为议题联系、行为者联系和国内—国际联系。② 本书的联系战略主要研究议题联系。议题之间的联系具有普遍适用性，强国可以使用联系战略，弱国也可以使用联系战略。

　　美国学者对议题联系的研究一定程度上来源于20世纪70年代尼克松政府"缓和战略"中议题联系的外交实践。基辛格（Henry A. Kissinger）对联系的定义是："我们应当在清晰理解国际体系中一个方面的变化如何影响其他方面的基础上，设计和执行我们的政策。"③ 在基辛格看来，联系战略不仅是一种谈判手段和工具，更体现了美国收缩全球义务、调整外交布局的战略转变。联系战略的运用有主观和客观两种方式：一种是"外交家人为地在谈判中把两个分立的对象硬性联系在一起，利用一个对象作为影响另一个的平衡手段"；另一种是现实产生的，"因为在一个相互依赖的世界里，主要大国的行动不可避免地是关联的，而且行动的后果是超出直接有关的问题和地区的范围的"。④ 按照基辛格当时的政策设想，联系战略"可以作为危机处理的工具，可以在同苏联直接的谈判中制造讨价还价的筹码，可以用来说服第三方谈判，甚至可以使苏联的经济依赖西方"⑤。联系战略是尼克松和基辛格的大战略的核心要素之一，是冷战期间美国对苏联外交手段的转变和创新。与整体的缓和战略一致，联系战略"意在通过软手段谋求硬目标的实现"⑥。虽然联系战略在当时未能取得

---

① Stein A A.The politics of linkage[J].World Politics，1980，33（1）：62–81.

② Lohmann S.Linkage politics[J].The Journal of Conflict Resolution，1997，41（1）：38–67.

③ Kissinger H.For the Record：Selected Statements，1977–1980[M].Boston：Little，Brown and Company Limited，1979：88；戴超武.基辛格–尼克松的"宏大构想"、尼克松主义与冷战转型 [J].南开学报：哲学社会科学版，2007（5）：19–27.

④ Kissinger H.For the Record：Selected Statements，1977–1980[M].Boston：Little，Brown and Company Limited，1979：88；基辛格.白宫岁月：基辛格回忆录（第一册）[M].北京：世界知识出版社，2003：164.

⑤ 戴超武.基辛格–尼克松的"宏大构想"、尼克松主义与冷战转型 [J].南开学报：哲学社会科学版，2007（5）：19–27.

⑥ 宋鸥.尼克松缓和战略评析 [J].社会科学战线，1999（5）：200–204.

相应的效果，"但它仍为美国以非军事手段演变苏联打开了缺口"①。

最早认识到议题联系这一问题的是法国外交家弗朗索瓦·德·卡利埃尔（François de Callières）。他在 1716 年的著作《论与君主谈判的方法》（*On the Manner of Negotiating with Princes*）中就指出："国家间交往最重要的手段就是要将双方最突出的特点显露出来，然后将这些特点进行联系，从而平衡双方的利益诉求。"②卡利埃尔认为，"议题联系是一种策略，它能够将双方的优势集中起来，从而有效地解决相应的政治问题"③。之后的西方学者也都纷纷给出议题联系的定义，总结起来主要有两方面的内涵：一是强调把不同的议题领域联结起来，二是试图通过联系寻求权力优势。④在这些定义中，肯尼思·A. 奥耶（Kenneth A. Oye）的界定有较高的认可度，他认为："权力的流散极大地促进了跨议题联系（cross-issue linkage）策略的使用，即国家试图把优势领域的权力投射到弱势领域，以实现弱势领域的目标。"⑤关于议题联系的实质，罗伯特·D. 托利森（Robert D. Tollison）和托马斯·D. 威利特（Thomas D. Willett）认为，议题联系是在议题之间做明确的交易，把一个领域的主导权推进到其他领域以追求优势最大化。⑥中国学者也有研究议题联系战略的。如周舟认为，议题联系是"谈判国家为推动既定谈判朝着有利于本国利益方向发展而采

---

① 宋鸥. 尼克松缓和战略评析 [J]. 社会科学战线，1999（5）：200-204.

② De Callières M.On the Manner of Negotiating with Princes[M].Indiana：University of Notre Dame Press，1963：110.

③ 杨毅. 联盟体系下的经济事务与国家安全：一项分析框架 [J]. 国际论坛，2010（6）：42-47.

④ Li Chien-Pin.The effectiveness of sanction linkages：Issues and actors[J].International Studies Quarterly，1993，37（3）：349-370；Tollison R D，Willett T D.An economic theory of mutually advantageous issue linkages in international negotiations[J].International Organization，1979，33（4）：425-449；Stein A A.The politics of linkage[J].World Politics，1980，33（1）：62-81.

⑤ Oye K A.The domain of choice：International constraints and Carter administration foreign policy[M]// Oye K A.et al.eds.Eagle Entangled.New York：Longman，1979：13.

⑥ Tollison R D，Willett T D.An economic theory of mutually advantageous issue linkages in international negotiations[J].International Organization，1979，33（4）：425-449.

取的外交行为"，国家通过引入新的议题、设定新的谈判议程"以确保其谈判优势"[①]；毛艳认为，议题联系策略"常常被看作利益交换"，"联系策略的实质就是相互妥协"[②]。

通过以上对联系战略的历史渊源和学术研究的回顾与追溯，本书认为，使用联系战略实施施压型经济激励具有可行性。首先，中国具有优势领域。从中国经济权力的现状来看，中国可以把经济领域的权力优势投射到其他问题领域，这是运用联系战略的基础。其次，议题联系具有真实性。李建宾把议题领域分为真实的联系（substantive linkages）、象征性的联系（symbolic linkages）和超然的联系（transcendent linkages）三类。其中，真实的联系是指具体明确的物质议题，不涉及抽象的、意识形态的分歧，如关税等经济事务，其利益可确定、可计算、可分割；象征性的联系也涉及具体的议题，但是有价值争论在里面，其利益可确定但不可测量，如领土争端；超然的联系涉及抽象的议题，其利益很难确定和测量，并同时包含价值争论，如民主、人权等。李建宾进一步总结道：假设其他条件相同，真实的联系最容易成功，超然的联系最容易失败。[③] 本书研究的问题就是如何把经济权力用作外交工具，即要解决的问题是即时、具体的外交争端。因此，如果把可计算的经济利益与具体的外交事件（不包括价值观等冲突）进行联系，则具有很强的操作性和较高的成功率。最后，议题联系是一种有效的外交手段。谢林把冲突的战略中的"战略"定义为武力威慑而非武力的有效使用[④]，那么以此作类比，本书的施压型战略也是用搁置经济利益作威慑，而不是将其作为剥夺利益的制裁措施。谢林还指出，冲突的双方"不是完全誓不两立的敌人，而是互存疑虑与分

---

[①] 周舟.中美关系中的议题联系与议题脱钩 [J].外交评论，2011（1）：118–127.

[②] 毛艳.中国气候外交议题策略探析 [J].国际展望，2011（1）：35–46.

[③] Li Chien-Pin.The effectiveness of sanction linkages：Issues and actors[J].International Studies Quarterly，1993，37（3）：349–370.

[④] 谢林.冲突的战略 [M].赵华，等译.北京：华夏出版社，2011：5.

歧的伙伴"，冲突双方关注的"不是双方的利弊得失，而是如何达到一个实现冲突双方最大利益的结果"。[①] 谢林的这一观点与本书的施压型经济激励的初衷是一致的。之所以施压，是因为存在冲突；但是施压的目的并不是置对方于死地的制裁，而是暂时搁置利益的一种反向激励，其最终目的仍然是双赢，而不是单方面利益最大。我们认为，秉持这样的前提才能够真正使用联系战略进行施压型经济激励。并且从谈判的技术层面来看，议题联系确实有利于化解冲突。因为"议题的增加使每一个谈判方所考虑的有利的结果组合增多了"，所以"谈判获得成功的可能性增大了"，"当议题的数量增加时，局面有可能从一方赢、其余方皆输的状态（零和）转向每个谈判方都有机会获利的互利状态"。[②] 运用联系战略把相关的议题联结起来，找到双方利益的最佳契合点，使双方都有所得同时也都有让步，这样方能成功地化解冲突。

## 二、反向激励

激励在经济学和心理学中都有解释。经济学的激励对应的英文是"incentive"，指外在于个体的诱因[③]；而心理学的激励对应的英文是"motivation"，指持续激发人的动机的心理过程[④]。本书使用的激励的概念主要从经济学上来理解，指行为对象受到的外部刺激，并且主要是物质刺激。强化理论认为，激励可以分为正激励和负激励两大类。正激励（正向激励）是指"对人们的某种行为给予肯定、支持、鼓舞和奖励，使这种行为得到巩固和强化，持续有效地进行下去，从而满足人的需求，实现组织目标"；负激励（反向激励）是指"对人们的某种行为给予否定、制

---

① 谢林. 冲突的战略 [M]. 赵华，等译. 北京：华夏出版社，2011：5.

② 斯塔奇. 外交谈判导论 [M]. 陈志敏，等译. 北京：北京大学出版社，2005：47.

③ 于斌. 组织理论与设计 [M]. 北京：清华大学出版社，2012：80.

④ 俞文钊. 现代激励理论与应用（第二版）[M]. 大连：东北财经大学出版社，2014：2.

止和惩罚，使之弱化和消失，朝着有利于个体需要满足和组织目标实现的方向发展"。[1]通常情况下，正向激励是组织中最常用、最普遍的激励方式。但是，在特定情况下，反向激励拥有正向激励无法比拟的优势。以下我们将着重分析反向激励存在的原因及其优点。

### 1. 激励疲劳现象的存在

反向激励之所以有存在的必要，就是因为长期使用单一的正向激励必然导致激励疲劳现象的产生。激励疲劳现象是指"长时间运用一种激励方式，导致激励作用不断减退甚至失效的现象"[2]。例如在日常生活中，一个人处处得到表扬赞美，时间长了便觉得表扬不足为奇，甚至认为是自己应得的。这也就是我们生活中常说的"审美疲劳"，见美不美了。那么相反，如果一个人处处受到批评贬抑，时间长了便会丧失进取心，破罐子破摔。不管是正向激励疲劳还是反向激励疲劳，一旦产生这种现象则意味着激励失去了效用。如果从心理学上来解释，激励疲劳现象产生的原因就是："当某些外部或内部激励因素，反复以同样的方式、强度和频率呈现时，人体大脑皮层对这种刺激的反应就会变弱，甚至不起作用。"[3]同样，激励疲劳现象也可以从经济学的边际效用递减规律中得到解释。如果我们把激励作为一种生产要素，随着这种要素的投入越来越多，新增加的最后一单位要素获得的效用会越来越少，这就是边际效用递减法则。按照这个规律我们可以看出，边际效用不断递减甚至会出现负值，这就意味着激励疲劳会使激励的效果越来越不明显，甚至出现相反的作用。正是由于激励也有失效的可能性，所以任何一种激励方式都不是一

---

[1]　陈喜庆，孙健. 正负激励方式反向运用：一种新的激励思路 [J]. 中国农业大学学报：社会科学版，2006（4）：52-56.

[2]　陈喜庆，孙健. 正负激励方式反向运用：一种新的激励思路 [J]. 中国农业大学学报：社会科学版，2006（4）：52-56.

[3]　陈喜庆，孙健. 正负激励方式反向运用：一种新的激励思路 [J]. 中国农业大学学报：社会科学版，2006（4）：52-56.

劳永逸、一成不变的，要根据实际的需要变换使用正反两种激励方式，以真正达到调动他者积极性的目的。

## 2. 反向激励所需成本更小

正向激励与反向激励的区别在于，正向激励要给予他者更多的增量利益，反向激励则是延缓或撤回增量利益。所以，正向激励的需求是刚性的，利益只能增加不能减少，故其成本是无限增长的。这就决定了只有实力强大的行为主体才具备这样的能力，才能使用正向激励的手段。即便是实力强大的行为体，面对无限增加的成本也难免造成经济压力。而反向激励的作用方式是威胁他者可能失去特定的利益，几乎可以不付出任何成本就达到想要的效果。并且反向激励的使用主体更广泛，只要行为主体具有他者没有但又是其必需的某一方面的优势即可，而不必一定是总体实力强大的行为体。另外，也有学者指出，正向激励和反向激励的成本曲线是不同的（见图6-1）。正向激励的成本曲线是线性增长，而反向激励的成本曲线是波浪式增长。那么从长时段来看，即使两者消耗的成本总量相当，但在一定时段内反向激励消耗的成本更少，也即在一定时段内节约了成本。[①] 所以从成本方面来看，反向激励的优势非常明显。

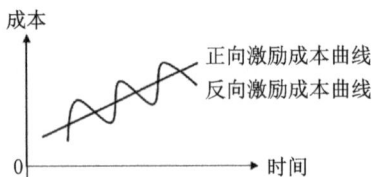

**图6-1　正向激励与反向激励成本曲线**

资料来源：邵建平，何雁汀. 激励模式的优劣性比较研究："威胁激励"初探 [J].
江苏社会科学，2003（6）：49-52.

---

① 邵建平，何雁汀. 激励模式的优劣性比较研究："威胁激励"初探 [J]. 江苏社会科学，2003（6）：49-52.

### 3. 反向激励的心理效果更明显

虽然本书界定的反向激励（施压型经济激励）只是暂缓额外的增量利益，并不剥夺他者本身拥有的利益。但是为了便于理解，在这里我们暂且把正向激励视为"赢利"，把反向激励视为"亏损"。那么，说反向激励的心理效果更明显，意思是人们对损失等量的利益比获得等量的利益更加敏感。这一结论来源于丹尼尔·卡尼曼（Daniel Kahneman）和阿莫斯·特沃斯基（Amos Tversky）提出的"前景理论"（prospect theory）。[①]以前景理论为代表的行为经济学可以视为对传统经济学理论的挑战。众所周知，"经济人"概念是古典经济学的重要前提，即人类在经济活动中的行为是理性的，并且试图以最小的成本获得最大的利益。经济活动中人是理性的假设就必然排除了人的心理、情绪、知觉等主观因素的作用。然而，人的实际行为并非总是理性的，有时甚至违背了效用最大化的原则。所以，卡尼曼和特沃斯基把心理学分析方法和经济学结合起来，研究人在不确定条件下的判断和决策。[②]传统经济学中的预期效用理论（expected utility theory）旨在描绘人类理性行为的特征，预期理论则描述了人的实际行为。

价值函数（value function）是前景理论的一个重要内容，它修正了预期效用理论中的效用函数。价值函数用来描述"未来的结果与投资者的主观满足程度之间的关联性"[③]。价值函数呈不对称的 S 形（见图 6-2）。从卡尼曼和特沃斯基的价值函数曲线中可以得出三个结论。首先，参照点决定人们对得失的判断。参照点的存在意味着前景理论关注财富的变化

---

① Kahneman D, Tversky A.Prospect theory: An analysis of decision under risk[J].Econometrica, 1979, 47（2）: 263–291.

② 张燕晖. 行为经济学和实验经济学的基础：丹尼尔·卡尼曼和弗农·史密斯 [J]. 国外社会科学，2003（1）：79–83.

③ 陆亚琴.经济学理性的背叛：2002 年度诺贝尔经济学奖得主丹尼尔·卡恩曼行为经济学理论述评 [J]. 云南财贸学院学报：经济管理版，2003（1）：32–34.

量而非财富的绝对量。参照点代表当前的财富水平，偏离参照点代表财富的增减。由于人们处于不同的参照点上，所以相同的财富增减对不同人产生的效用是不一样的。其次，价值函数反映了人们对待风险的态度。从图6–2可以看出，价值函数在赢利部分是凹的，在亏损部分是凸的，并且向两端延伸时趋于一条直线。这就说明投资者的风险偏好在不同情况下是有差别的：在赢利时，投资者是风险厌恶者，趋于规避风险；在亏损时，投资者是风险爱好者，表现出风险追逐的倾向。另外，价值函数在偏离参照点之后逐渐趋于一条直线，说明人们对近参照点的财富变化敏感，对远参照点的变化麻木，人们对财富的敏感性呈现递减趋势。最后，价值函数可以反映人们对利益得失的感受。从图6–2可以明显看出，价值函数曲线在亏损部分比盈利部分更加陡峭。这说明人们对等量的获益和等量的损失感受是不一样的，等量的损失带来的不快乐要远远大于等量的获益带来的快乐，因为人们普遍具有"损失厌恶"（loss aversion）的心理。损失厌恶的产生有两方面原因：一是"禀赋效应"（endowment effect），即人们一旦拥有一件商品，他们就会比没有该商品以前更珍视它；二是"现状偏见"（status quo bias），即人们倾向于维持现状，如一项实验中，一个班的学生被随机分到糖果和饰花杯子，并且每个人都有机会彼此交换他们的物品，结果双方都有90%的人不愿意交换。[①] 这一系列现象表明，人们更珍视眼前拥有的东西，讨厌失去已经拥有的东西，因此在决策中常常偏好于现状维持。[②] 将这一原理与本书的施压型经济激励相对接也同样适用。虽然施压型经济激励只是撤回允诺的利益而不是剥夺已经给予的利益，但这种得失引起的心理变化是一致的，同样可以影响对方的决策判断，促使对方行为发生改变。

---

① 赵红军，尹伯成.经济学发展新方向：心理学发现对经济学的影响[J].南开经济研究，2003（6）：30–34.

② 林民旺.国际关系的前景理论[J].国际政治科学，2007（4）：104–126.

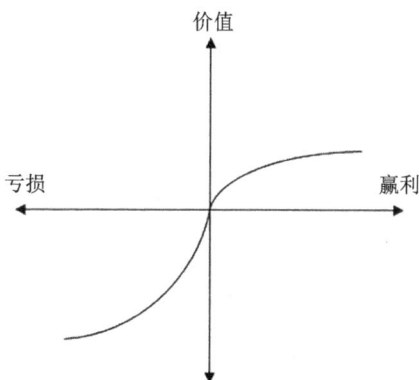

**图 6-2　价值函数曲线**

综上所述，激励疲劳现象使反向激励有存在的必要，成本和心理效果的比较可以看出反向激励具有独特的优势。激励过程中的这些现象都要求权力的行使主体综合运用正反两种手段。如同"饥饿营销"一样，抢到比轻轻松松买到更让人兴奋，失而复得比不劳而获让人有更强烈的满足感。反向激励的相关理论为施压型经济激励提供了一个心理学的解释路径，这也证明外交策略可以包含心理战术。

## 第三节　施压型经济激励的案例：中欧航空碳税争端

在界定了施压型经济激励的概念，分析了它的作用机理之后，本章将用中欧航空碳税争端的案例来说明如何有效地运用施压型经济激励。欧盟单方向推出的航空碳税遭到了其他国家的强烈反对，中国也在反对者之列。面对欧盟的这种做法，中国除了宣布不接受、不参与欧盟的航空碳税政策之外，还恰中要害地使用空客订单反制欧盟。从最终的结果来看，施压型经济激励达到了预期的外交目的。因此可以看出，通过施压来实现激励是可行的，施压型经济激励也可以成为和平解决外交争端的有效手段。

## 一、欧盟航空碳税的由来

如今，气候变化问题引起了世界各国越来越多的关注。航空碳税是欧盟温室气体排放交易体系的一部分，是对进出欧盟境内的所有航班征收的碳排放税。欧盟温室气体排放交易体系的建立显示了欧盟应对气候变化的决心和积极态度，但是将航空碳税纳入之后，由于涉及他国主权和国家之间利益的博弈，遭到各国的强烈反对。下文将追溯欧盟航空碳税的出台过程，阐述其政策内容，陈述各国的态度立场，并评述其中存在的问题。

### 1. 航空碳税的出台和内容

随着航空业的发展，航空方面的碳排放量增长迅速，其增速均超过其他行业的水平。[①]1990—2000 年，航空业的温室气体排放量增长了48%。[②]2012 年，航空业温室气体排放量已经占全球温室气体排放量的 2% 左右，并且有数据表明到 2050 年这一数字将增加到 15%~20%。[③]《京都议定书》作为联合国框架下控制全球温室气体排放的官方文件，却并没有把航空业的温室气体排放列入其中。欧洲国家是关注全球气候变化的先行者，再加上美国在 2001 年退出《京都议定书》，所以欧盟就成了领导全球气候多边谈判的核心力量。

2005 年，欧盟为了履行《京都议定书》规定的减排目标，建立了世界上最大的温室气体排放交易体系（European Union Emissions Trading Scheme，EU-ETS）。2003 年，欧盟发布了《2003 年排放交易指令》（第

---

① 唐钊，乔刚. 航空碳税争议及我国的应对 [J]. 湘潭大学学报：哲学社会科学版，2014（2）：16-20.

② Anderson K，Bows A，Upham P.Growth scenarios for EU & UK aviation：Contradictions with climate policy[R].Tyndall Center for Climate Change Research，2006：6.

③ Scott J，Rajamani L. EU climate change unilateralism[J]. The European Journal of International Law，2012，23（2）：469-494.

2003/87/EC 号指令），宣布欧盟 ETS 从 2005 年 1 月 1 日起正式运行。欧盟 ETS 分三个阶段实施。第一阶段为 2005—2007 年，是实验性阶段，其目的不在于大幅减排，而是积累经验。这一阶段主要针对能源、石油、钢铁、水泥、玻璃、造纸等行业的大型排放源。第二阶段为 2008—2012 年，该阶段要实现《京都议定书》中规定的排放量比 1990 年的水平减少 8% 的承诺。并且这一阶段的减排对象不再局限于地面上的固定排放源，而要逐步扩展到其他行业，如航空业。《2008 年排放交易指令》修改了第 2003/87/EC 号指令，首次将航空业纳入欧盟的排放交易体系，并规定自 2012 年 1 月 1 日起，进出欧盟境内的所有飞机，其在整个航程中全部的温室气体排放量都将被纳入 EU-ETS。第三阶段为 2013—2020 年，目标是实现 2020 年的温室气体排放在 1990 年的基础上减少 20%。

按照欧盟 ETS 的规定，航空业温室气体的排放量以 2004—2006 年的平均排放量为基数。所以，2012 年允许排放量的总额度为该基数的 97%，其中总额度的 85% 根据各航空公司 2011 年的市场份额进行免费分配，剩下的 15% 进行拍卖。2013 年的总排放量将进一步减少至上述基数的 95%，其中总量的 82% 进行免费分配，3% 预留给发展中国家等高速成长的航空公司以及后起的航空公司，剩下的 15% 则通过拍卖方式由航空公司购买。到 2020 年，免费配额政策将被取消，所有的排放额都需要通过拍卖来购买。在实施配额期间，如果航空公司的实际排放量超过了欧盟给予的配额，那么它们就必须自行购买排放额度以冲抵其超额排放量，否则将被处以每吨 100 欧元的罚款。并且，超出的排放量航空公司虽然已经自费购买，但超额的数量仍需从下一年度的配额中扣减。

2. 各国对航空碳税的反应

上述欧盟航空碳税政策出台后，引发了相关国家的强烈反对。其实，在欧盟将航空碳税纳入 ETS 但未执行时，其就已经遭到了国际社会的批评。2009 年底，美国航空运输协会（Air Transport Association of America）、美国航空公司（American Airlines Inc.）、美国大陆航空公司（Continental Airlines Inc.）和美国联合航空公司（United Airlines Inc.）就指控欧盟《2008 年排放交易指令》违反了《国际民用航空公约》《京都议定书》等多部国际条约，要求欧盟撤销航空碳税的相关立法。但是欧洲法院在 2011 年作出裁定，认为将航空业纳入欧盟 ETS 并未违反上述条约，并确认了欧盟《2008 年排放交易指令》的法律效力。欧洲法院的裁决"标志着美国航空业通过司法手段抵制欧盟航空业碳减排规则的努力已经宣告失败"[①]。但是各国的抵制行动并未停止，多国政府及国际组织发表声明反对航空碳税。2011 年 11 月，国际民航组织发表声明表示，欧盟单方面将航空碳税纳入碳排放交易体系是不合理的，欧盟应当与相关国家通过协商合作来处理此问题。2012 年 2 月，相关国家关于航空碳税问题在莫斯科召开了国际会议，会议也表示反对欧盟单方面将航空碳税纳入碳排放交易体系的做法，并且与会国家还共同发表了联合声明。联合声明宣布了一系列反制欧盟的措施，包括不允许自己国家的航空公司加入欧盟的碳排放交易体系，暂停与欧盟航空公司在本国的业务谈判，对进出本国境内的欧盟航班也征收类似的碳排放税，等等。欧盟航空碳税正式实施之后，美国明确禁止本国航空公司参与欧盟的碳排放交易体系；俄罗斯也试图通过立法反对欧盟的航空碳税政策，并且考虑利用本国的领空对欧盟施压；中国也宣布了不参与欧盟的碳排放交易体系、不向欧盟提供本国航空公司的相关数据、不与欧盟关于航空碳税进行谈判的"三不"政策。

各国对欧盟航空碳税的反对也有其理由，因为航空碳税制度本身就存在着种种缺陷和不合理之处。首先，欧盟的航空碳税政策违反了国际

---

① 梁咏，叶波.欧盟航空业碳减排规则的国际法分析 [J].欧洲研究，2012（1）：32-50.

法赋予的主权原则。独立的民族国家拥有领土、领海、领空等完整不可分割的主权，国家对其领土之上的大气空间拥有不受他国干涉的权力。并且国际民航组织也曾经出台决议，规定各缔约国不得擅自对他国的各类飞行器征收排放税。而欧盟不仅对他国的航班征税，还按照"不落地全程"的原则征收。欧盟对他国征收航空碳税无疑存在不合理之处。例如，一架飞机从美国旧金山飞往英国伦敦，它的总排放量中37%在加拿大，29%在美国，25%在公海上，仅有不到9%的排放量在欧盟上空，但是欧盟却要对飞机的全部排放量征税。飞机的飞行途经多国，却要将全部费用都交给欧盟，这是各国所不能接受的。其次，欧盟的航空碳税政策违反了全球气候问题上"共同但有区别的责任"原则。由于发展工业化历史水平的差异，发展中国家和发达国家在气候变化问题上应当承担"共同但有区别的责任"，这是《联合国气候变化框架公约》和《京都议定书》等国际条约都明确规定的原则。然而，在航空碳税的问题上，欧盟却要求发展中国家与发达国家遵循相同的规则、承担同样的责任，这对发展中国家是相当不公平的。欧盟的碳排放原则以历史排放量为基准，免费配额的给予遵循"祖父原则"，这意味着一航空公司过去的排放量越大，现在可以获得的免费配额就越多。这种政策显然有利于发达国家的航空公司，而不利于正在成长的发展中国家的航空公司。最后，欧盟推行航空碳税可能反而增加碳排放。航空公司为了躲避航空碳税，可能会选择绕过欧盟的线路，或者是从某地中转。例如，一架飞机从中国香港直飞法兰克福，全程需要购买9000多公里的额度，而如果它经过迪拜进行中转，仅需要直飞航程的一半额度。所以，航空公司如果为了节约成本去利用这些漏洞，实际上会产生更多的碳排放。因此，航空碳税的有效性也颇受质疑。

正是由于上述问题的存在，欧盟航空碳税的推行遭到了国际社会的诸多批判。虽然欧盟航空碳税最直接的目的是减少温室气体排放，但征税这一措施实际上也为欧盟增加了经济收入。更重要的是，欧盟在服务贸易领域设置的碳关税壁垒会随着产业链转移到货物贸易领域，导致别国经济成本上升、利润削减。另外，欧盟航空碳税一旦成功运行，无疑将成为全球气候变化领域规则的制定者，将大大增加其在气候变化谈判中的话语权。所以，民航专家朱文川博士说，欧盟推行的航空排放交易体系"有助于铸造一个全球金融市场全新的交易商品，有助于掌握全球碳金融话语权"，因此航空碳税"实质上并非税收，而是交易"。[①] 对于中国来说，碳税的征收将影响到中国的航空业，进而波及中国商品的国际竞争力。世界银行对欧盟碳关税的预测报告指出，如果欧盟的碳排放交易体系全面推行，中国商品的平均关税将高达 26%，由此导致的中国商品出口量将下降 21%。[②] 所以，将发展中国家和发达国家置于同一个碳税体系下，对发展中国家的经济无疑是一个巨大的打击，发达国家也会由此形成一种新的经济霸权。

## 二、中国运用施压型经济激励

以上分析了欧盟航空碳税的不合理之处，列举了各国的反应，下面将着重讲述中国的反制措施。中国把我方的空客订单与欧盟的航空碳税巧妙地联系起来，通过搁置空客订单施压于欧盟。中国的搁置措施起到了有效的反制作用，而在欧盟政策改变之后，中国又恢复了先前搁置的订单，并增加了新的订单。我们把中国的这种做法视为施压型经济激励，并且认为这种做法也可以用来解决其他外交争端。

### 1. 中国搁置空客订单

欧盟实行的航空碳税政策将显著地增加航空业的额外成本，这些成

---

① 王潇雨. 航空碳税风波中场休息 [N]. 华夏时报，2012-02-13.
② 张茉楠. "碳关税"正成为一种新型经济霸权 [N]. 中国能源报，2011-05-02.

本将高达每年 30 亿~40 亿欧元。[1] 欧盟的航空碳税政策对于发展中国家的航空业来说，会给其带来很大的压力。以中国为例，中国民航科学技术研究院发布测算显示，2012 年我国航空公司需要购买欧盟 262 万吨的排放配额，预计增加成本将近 8 亿元人民币，到 2020 年购买配额的成本将增加到 30 亿元人民币，未来 9 年仅购买配额需要付出的成本将超过 176 亿元人民币。[2] 如果按欧盟的政策规定的那样，到 2020 年将取消免费配额制度而全部实行拍卖，那么届时航空碳税将成为我国航空业不能承受之重。由于欧盟的单方面行为确有不合理之处，再加上沉重的碳税负担，各个国家都采取相应的反制措施。气候变化议题本来就不仅仅是一个自然科学的问题，它同时也是一个经济问题，更是一个全球政治问题。那么，随着欧盟碳税问题的持续酝酿，这一议题无疑引起国家间的政治博弈。[3] 在欧洲法院判决美国败诉后的第二天，中国外交部发言人表示："中方反对欧方强行实施单方面立法的做法；中方已多次表明立场，并已通过双边渠道向欧盟表达了中方的立场和关切；我们希望欧方谨慎行事。"[4] 中国的这一表态表明，欧盟的航空碳税已经不仅是一个税收问题和气候变化问题，而逐渐成为一个外交事件。[5]

在这场争端中，空客成为中国反制欧盟航空碳税的一张牌。2012 年 3 月 8 日，在欧盟和中国之间航空碳税之争愈演愈烈的背景下，中国搁置了价值 120 亿美元的空客订单，其中包括 35 架 A330 和 10 架 A380。欧洲宇航防务集团（EADS）总裁路易斯·加洛瓦（Louis Gallois）称："（空

[1] Bartels L.The WTO legality of the application of the EU's Emission Trading System to aviation [J].The European Journal of International Law，2012，23（2）：429-467.

[2] 温彬，解兴权.欧盟征收航空碳税的影响及对策 [J]. 国际金融，2012（2）：64-69.

[3] 陈向国.欧盟"航空碳税"上演"逼上梁山"大戏？ [J]. 节能与环保，2012（3）：26-32.

[4] 中方就航空"碳税"表态：反对欧盟强行单方面立法 [EB/OL].（2011-12-22）[2021-02-02].http：//www.chinanews.com/gn/2011/12-22/3552568.shtml.

[5] 郭丽萍.欧盟力推航空碳税 中航协采取"三不"对策 9 年中国需交 176 亿已升级为外交事件 [J]. 大经贸，2011（12）：71-73.

客）已经成为北京和布鲁塞尔之间的人质。"① 同一天，BBC也评论道："这是在欧盟及其反对国关于征收航空碳税的斗争中，迄今为止最重型的武器。"② 国家发展改革委综合运输研究所时任所长董焰明确指出："暂停飞机订单审批与欧盟碳税政策相关，这更能体现出中国的态度。"③

空客的生存状况对欧盟的经济而言举足轻重。如果欧盟执意实行航空碳税，那么航空业的发展必将受到阻碍，他国购买空客飞机的数量必然会大幅下降，这将不仅影响欧盟的经济，更影响与航空业相关的大量就业岗位。2012年3月12日，空客与业界八大公司联名致信英国首相卡梅伦、法国总理菲永、德国总理默克尔和西班牙首相拉霍伊，呼吁各国政府采取措施停止因推行碳排放交易机制而引发的贸易争端。9家企业一致认为："在目前的经济形势下，欧洲承受不了这样的打击。"④ 空客公司负责客户事务的CEO雷义（John Leahy）也表示，在反对欧盟航空碳税的问题上，空客公司与中国的立场是一致的，认为欧盟在这方面的做法是错误的。⑤2012年9月，英国、法国、德国、西班牙四国政府公开向欧盟委员会联合申请，要求停止征收航空碳排放税。

2012年11月12日，承受重重压力的欧盟不得不作出妥协，决定于2013年秋天之前暂停对进出欧盟国家的民用航班征收航空碳税。4天之后，空客CEO法布里斯·布利叶（Fabrice Bregier）致函中国民航总局局长李家祥，信中说道："我希望空客（在航空碳税问题上）已经清楚表达

① EU-China battle stalls sales of airbus jets[N/OL].（2012-03-08）[2021-02-02].http：//online.wsj.com/article/SB10001424052970204603004577268592676060690.html.

② China "blocks" Airbus deals in EU carbon levy spat[N/OL].（2012-03-08）[2021-02-02].http：//www.bbc.co.uk/news/world-europe-17298117.

③ 孟岩峰，朱琼华.120亿美元订单延缓：空客"受伤"游说欧盟[N].21世纪经济报道，2012-03-13.

④ 空客等联名致信欧洲四国政府停止欧盟碳排放交易机制[EB/OL].（2012-03-12）[2021-02-02].https：//news.ifeng.com/c/7fbeaqMnimv.

⑤ 空客重申与中国一致反对欧盟碳排放交易机制[EB/OL].（2012-06-12）[2021-02-02].http：//news.sohu.com/20120612/n345426424.shtml.

了我们对中国航空业的支持";"通过我们的共同努力,我们确保了中国
航空公司不会受到(碳税征收)计划原本会带来的不公平对待"。[1]欧盟
在 2014 年 3 月初又决定,"2016 年之前将不再对使用欧洲境内机场的外
国航班征收碳排放税,但如果 2017 年无法达成全球范围内航空减排的协
议,欧盟碳排放限制法规将恢复效力"[2]。至此,欧盟航空碳税问题告一
段落。

从上述外交较量中可以看出,空客订单牵动欧盟的敏感神经。之所
以如此,是因为中国是空客不可或缺并且快速增长的大市场。据空客的
官方报告,2014 年空客"向中国各航空公司交付飞机 153 架,占空客当
年全球交付量(629 架)的 24%;(从 2010 年起)空客已经连续 5 年向中
国交付 100 架以上的飞机"[3]。2013 年底,空客在华服役机队达到 1000 架,
使中国成为空客在全球的第二大单一市场。[4]2014 年底,空客发布《全球
市场预测(2014—2033)》称,未来 10 年,在国内民航客流方面,中国将
超过美国成为全球第一大民航市场。空客公司 CEO 雷义说:"在未来 20
年时间里,客运飞机的最大需求量将来自中国。"[5]对于当时刚刚经历了经
济危机的欧洲来说,快速增长的亚太市场尤其是中国市场,无疑成了它
们经济复苏的有力抓手,因此欧盟不会为推行航空碳税一意孤行。正是
看到了这一点,所以业界普遍认为,空客订单是中国与欧盟谈判的一个
很好的筹码。

① Exclusive-airbus to China:We support you,please buy our jets[N/OL].(2013-05-12)[2021-02-02].
http://news.yahoo.com/exclusive-airbus-china-support-please-buy-jets-000414050.html.

② 欧盟 2016 年前暂不对外国航班征碳税 [EB/OL].(2014-03-08)[2021-02-02].http://www.chinanews.
com/cj/2014/03-08/5926723.shtml.

③ 2014 年空客在中国成果卓著 [EB/OL].(2015-01-25)[2021-02-02].http://www.airbus.com.cn/corporate-
information/airbus-china-news/.

④ 空客 50% 市场份额背后的故事 [J/OL].(2014-02-09)[2021-02-02].http://www.airbus.com.cn/corporate-
information/airbus-china-news/.

⑤ 空客:中国国内航空市场将成为全球最大航空市场 [EB/OL].(2014-12-10)[2021-02-02].http://
world.people.com.cn/n/2014/1210/c1002-26184056.html.

正如本章一直强调的，施压型经济激励的目的并非惩罚对方，而是给对方施加压力促使其改变政策。我们也可以看到，中国搁置了空客的飞机订单，但这些订单大多属于意向性订单，必须在国家发展改革委批准通过后才能成为正式订单。所以，搁置订单只是延缓给予空客增量利益，而不是剥夺其已经拥有的利益。我们把这种行为视为施压。从航空碳税这一案例来看，事实也确实如此。欧盟政策改变后，中国不仅陆续解冻了有关飞机的订单，又增加了一批新的订单。2014年3月国家主席习近平访问法国期间，中法签订了价值180亿欧元的大订单，其中就包括一份以100亿美元购买70架空客飞机的新订单。在中法两国首脑的共同见证下，中国航空器材集团公司与空客签署了框架协议，表示订购70架空客飞机，其中包括43架A320飞机和27架A330飞机。航空碳税的下一步走向需要我们拭目以待。但是，至此，中欧航空碳税争端的过程很好地呈现了施压型经济激励的作用过程，对此可以用"给予—冲突—暂停给予—政策改变—重新给予"作简化表达。需要说明的是，这里的利益都是对方预期得到的增量利益而不是对方已经拥有的既得利益。

2. 用施压型经济激励解决外交争端

有人把领导人出访期间签署订单，用订单的多寡来体现双边关系的亲疏远近，或者用取消和减少订单来表示惩罚的做法称作"订单外交"。[①]那么，按照这个界定，上述案例中中国通过搁置空客订单施压于欧盟航空碳税政策的做法，也算是一种订单外交。订单外交实施的基础是一国拥有足够强大的经济实力，可以进口大量外国产品，或者进行相当规模的对外投资。订单外交中订单的签署"往往并非出于单纯的经济和贸易需要，而或多或少带有政治、战略或外交策略的考量"，比如为了"表示友

---

① 赵灵敏. 审视中国的"订单外交" [N]. 华夏时报, 2014–12–22.

好、安抚、争取支持或平衡"。① 在经济全球化的今天，各国领导人几乎都会利用出访的机会推销本国产品，带回几份商业大单，并且外界也往往将此视作领导人外交成功的表现。所以说，订单外交这种方式并不罕见，而在不严格的程度上讲也算是一种外交惯例。更具体地看，也有学者从攻、守两个视角来分析订单外交。这一观点认为，从守的角度来讲，订单外交的作用在于"扩大与潜在伙伴国家的利益重叠空间，诱导潜在伙伴国家为赢得这些经济利益而推行与我国友好的方针"；从攻的角度来讲，订单外交的作用在于"推进中国主导的区域或双边经济、政治一体化，争取更多的盟友"。② 从这些分析可以看出，订单外交与本书所研究的吸引性经济权力的逻辑是一致的，都旨在运用经济实力达到政治外交目的。但是从作用方式上来看，吸引性经济权力的作用方式更加多样化，包括但不局限于订单这一种方式。并且，吸引性经济权力也不把订单等利益用作惩罚，这是与订单外交的不同之处。

---

① 陶短房. "领导人订单"，赔赚自知 [J]. 世界博览，2013（10）：33-37.

② 梅新育. 我看订单外交 [J]. 中国经贸，2006（6）：38-40.

# 第七章 结 论

　　本书研究的是吸引性经济权力的运用方式，并把其区分为结构型经济激励、扩散型经济激励、指向型经济激励和施压型经济激励四种。本书把给予他者利益的方式视为吸引，把有效使用的经济实力视为经济权力，本书旨在探讨如何使用经济权力达到外交目的。从谋篇布局来看，首先，从总体上给出了吸引性经济权力的概念，分析了其作用机制、运用方式和评价机制。然后进入主体部分——运用方式的研究，把吸引性经济权力的运用方式区分为四种，每种方式单设一章，每一章都按照"概念—作用机制—案例"这样的结构来呈现。本书是一项归纳性的研究，因此不可能穷尽现实的国际关系中的所有情况，只能尽可能地找到繁杂的现象中的规律，并进行归纳总结。所以，在本书的结尾部分，除了对研究内容进行提炼之外，还将澄清几个与吸引性经济权力有关的问题，并提出未来的研究方向。

## 第一节　吸引性经济权力余论

　　本节将对吸引性经济权力这一概念进行几点说明。首先，吸引性经济权力的运用包含一个前提条件，即经济实力可以转化为经济权力；其次，吸引性经济权力的核心是利益，它通过收放"利益"来发挥作用；最后，吸引性经济权力的四种运用方式相辅相成，形成权力运用的一个组合。以下将对这三点分别阐述。

## 一、经济实力转化为经济权力

探讨经济实力转化为经济权力的问题，首先要区分实力和权力的内涵。周琪、李枬认为：英文的 power 虽然有 strength、force、capability 等词的含义，在某些情况下可以与之互换，但是作为一个社会科学领域的术语，它的中文译法只有一个——"权力"；所以，他们把实力和权力区分为："'实力'是现实存在，而'权力'则是在关系或相互作用下产生的，是用以分析两个以上的行为体之间的关系。"[①] 邢悦也作出了类似的区分，她认为："实力是指一国拥有的能在国际关系中发挥作用的全部力量的有机综合"，"权力是指一国控制和影响国际环境及他国意志和行为的能力，它反映的是国际关系行为体之间存在的某种形式的支配关系"，所以"实力是权力的基础，但实力不会自动转换为权力"。[②] 本书赞同这种说法，并且从"资源"与"运用"两个维度进行区分，从资源维度定义"实力"，从"运用"维度定义"权力"。[③]

经济权力运用效果的关键在于如何将经济资源整合成经济权力。其实，我们对经济权力运用方式的研究暗含着这样一个前提假设，即丰富的经济资源（economic resources）是一国经济实力（economic capability）的基础，经济实力可以转化为经济权力（economic power）并在外交中加以使用。但这一假设并非总是成立的，就像奈所说的，"具有丰富实力禀赋的国家，并不总能得到它想要的结果"[④]。这意味着，经济实力不会自

① 周琪，李枬. 约瑟夫·奈的软权力理论及其启示 [J]. 世界经济与政治，2010（4）：69-96.

② 邢悦. 文化如何影响对外政策：以美国为个案的研究 [M]. 北京：北京大学出版社，2011：97.

③ 陈志敏，常璐璐. 权力的资源与运用：兼论中国外交的权力战略 [J]. 世界经济与政治，2012（7）：4-23.

④ Nye J S Jr.The Future of Power[M].New York：Public Affairs，2011：8.

然而然地转化为等量的经济权力。因此，我们要研究它们中间的转化机制、运用方式等问题。对中国来说，经济实力无法得到充分运用的原因包括经济实力运用过程中的国内损耗和经济实力资源的流动性困难。对此，张晓通等又给出了相应的措施，如明确国家利益、制定战略、做好内部协调、加强对外沟通。[①]他在另一篇文章中又给出了更为具体的建议，如使用挂钩（linkage）战略和互惠（reciprocity）战略作为转化战略，利用"一带一路"等作为转化机制，实现财富和权力之间的有效转化。[②]当前，盘活优势经济资源，并把其成功地转化为可兹利用的经济权力，是中国外交的当务之急。

## 二、吸引性经济权力做利益的加法

经济吸引和经济制裁都可以作为外交手段，而它们的不同之处就在于对利益的使用方法不同。经济吸引是做利益的加法，经济制裁则是做利益的减法。换句话说，吸引性经济权力旨在通过给予他者利益来诱导他者做对自身有利的事，而经济制裁是通过剥夺他者利益迫使他者做其本不愿意做的事。本书认为，对利益的不同看法决定了不同的经济权力运用方式。首先，拥有足够的经济体量才更有能力做利益的加法。这就是说，吸引性经济权力的运用并不是对任何国家都适用，只有实力强大的国家才有能力供给他者所需要的利益。其次，拥有足够的外交气度才有意愿做利益的加法。因为当一国拥有足够的力量时，使用吸引抑或强制皆能达到目的，并且大多数时候，使用强制还能更快地达到目的。那么这时就引出了国家的权力观问题。如何使用权力与一个国家在长期的历史中形成的外交观念和外交方式有关。本书认为：大国当有大的气度，

---

① 张晓通，王宏禹，赵柯. 论中国经济实力的运用问题 [J]. 东北亚论坛，2013（1）：91-98.

② 张晓通. 中国经济外交理论构建：一项初步的尝试 [J]. 外交评论，2013（6）：49-60.

当常常以和平为考量，多做利益分享和利益给予，在利益之外还要考虑道义。

在对待利益的问题上，中国国家领导人就明确提出了正确义利观。所谓义利观，就是辨析义和利之间的关系问题。所谓正确义利观，就是指对义和利之间的关系要有正确的态度。正确义利观是新时期中国开展大国外交的理念创新和实践原则。[①] 中国倡导的义利观是先义后利、取利有道、义利统一，这不同于西方国家的"利益至上""只有永恒的利益，没有永恒的朋友"等现实主义利益观。在利益至上原则的指导下，各国争权夺利、弱肉强食、国强必霸；而在正确义利观的指导下，国家可以利益共享、共同发展、和平崛起。伴随着经济全球化的深度发展和新兴经济力量的崛起，国际政治也将冲破私利的藩篱，发展互利的规则。而中国正是在这样的背景下，适时地提出了义利结合的新利益观，试图打破历史上狭隘的利益观导致的战争悲剧。苏长和认为，"义利失衡是当前世界的一大特点"[②]，正确义利观的提出为新型国际关系的构建提供了具有中国特色的价值观指导，也为中国的大国外交实践提出了指导原则。中国之所以运用吸引性经济权力，无形中是受到了正确义利观的指引。中国在利益的问题上坚持共同得利，并且积极让利。积极让利原则是指在自身利益已经有所保障且不受损失的情况下，大国要积极地将其他的利益让给对方，特别是要让给弱小的一方，让其先得利、多得利。[③] 在中国看来，坚持正确义利观不仅是个人的行为准则，也是处理国家间关系的原则；正确义利观不仅关注经济合作，更关注由经济联系建立起政治互信。

做利益的加法，目的在于建立利益共同体，进而通过利益的纽带把各个国家联结成为命运共同体。利用利益把相关国家聚合在一起，运用

---

① 秦亚青.正确义利观：新时期中国外交的理念创新和实践原则 [J].求是，2014（12）：55–57.

② 苏长和.习近平外交理念"四观" [J].人民论坛，2014（6）：28–30.

③ 陈志敏，苏长和.复旦全球治理改革战略报告：增量改进 [R].2014：58.

联系战略解决相关领域的矛盾，这是建立利益共同体的一个目的，但这是其被动方面。其主动方面在于通过利益交换和利益给予构建起利益共同体，并推动利益共同体向责任共同体和命运共同体升级。德国学者斐迪南·滕尼斯（Ferdinand Tönnies）对共同体的概念进行了界定。他认为，共同体是指拥有共同特质或身份认同的一个人类群体，他们一般由于地理上的相近，或出于共同的文化渊源，或出于共同的历史记忆，或出于对共同利益的追求从而自愿地聚集在一起。① 提到共同体，自然要提到建立共同体的先行者——欧盟。欧盟的共同体以制度建设为基础，中国的命运共同体则不同，它体现的是一种共生理念、共利关系。② "共生是国际社会的基本存在方式"③，共利是共同体构建的根本动力。

今天，全球关系的逻辑已经是人类命运共同体。④ 所以，党的十八大报告提出"要倡导人类命运共同体意识"。在这之后，党和国家领导人又在公开讲话中多次提及"命运共同体"这个概念。例如，2013 年 10 月，习近平主席在周边外交工作座谈会上就强调，要让命运共同体意识在周边国家落地生根；2014 年 4 月，他在中央国家安全委员会第一次会议上发表重要讲话指出，我们既重视自身安全，又重视共同安全，要努力打造命运共同体；2015 年 3 月，他又在博鳌亚洲论坛上发表题为《迈向命运共同体，开创亚洲新未来》的主旨演讲。2014 年 4 月，李克强总理在博鳌亚洲论坛做主旨演讲时也提出，亚洲国家要结成利益共同体、责任共同体、命运共同体。显而易见，命运共同体不是对抗关系而是合作关系。但是这种合作关系又并非单单出于共同利益、共同需要的交易关系，而是一种深层次的合作机制、牢固的友谊以及命运共存关系。所以，在

---

① 孙西辉. 论构建"中国—东盟利益共同体"的外交战略 [J]. 国际关系研究, 2013（1）：129-140；滕尼斯. 共同体与社会 [M]. 林荣远, 译. 北京：商务印书馆, 1999：ii-iii.

② 张蕴岭. 中国与周边关系：命运共同体的逻辑 [J]. 人民论坛, 2014（6）：36-38.

③ 金应忠. 国际社会的共生论：和平发展时代的国际关系理论 [J]. 社会科学, 2011（10）：12-21.

④ 李小佳. 让命运共同体成为全球共识：访太湖世界文化论坛主席严昭柱 [N]. 解放日报, 2014-06-18.

命运共同体中,当成员国之间出现分歧的时候,它们不会通过遏制打压对方的方式来获取私利,而会通过谈判合作的方式解决分歧,因为命运共同体本质上包含着成员国之间稳固的政治共识和休戚与共的合作意识。命运共同体"体现了中国一贯维护世界和平,谋求共同发展的外交战略","体现了中国对未来世界秩序的构想和理念"。[①] 可以说,命运共同体理念已经成为新时期中国外交理论和实践创新的一面旗帜。[②]

"独行快,众行远。"中国在自身经济发展的同时,愿意与周边国家同行,愿意让他国搭乘中国经济快速发展的便车,这就是一种命运共同体意识。当前,中国倡导的命运共同体理念落实在"一带一路"倡议上。"一带"指的是"丝绸之路经济带","一路"指的是"21世纪海上丝绸之路"。"一带一路"包括5条线路、6条经济走廊,连接欧洲经济圈和东亚经济圈,将带动中亚、西亚、南亚、东南亚,并辐射到非洲。"一带一路"将打造新亚欧大陆桥、中蒙俄、中国—中亚—西亚、中国—中南半岛、中巴、孟中印缅六大经济走廊,这将成为世界上跨度最长的经济大走廊。由此,"一带一路"沿线国家也将形成更加紧密的利益共同体、责任共同体和命运共同体。[③] 阎学通说,中国的外交"要从'挣钱'转向'交友'"[④]。"一带一路"建设中的"政策沟通、设施联通、贸易畅通、资金融通、民心相通"正体现了这一思想,其要通过经济发展、利益共享,进一步达到发展伙伴关系、广交朋友的目的。

---

① 习近平外交新战略:"命运共同体"助推国际格局新秩序 [EB/OL]. (2014-07-23) [2021-02-02]. http://politics.people.com.cn/n/2014/0723/c1001-25328439.html.

② 刘振民. 坚持合作共赢携手打造亚洲命运共同体 [J]. 国际问题研究, 2014(2): 1-10.

③ "一带一路"绘就发展新蓝图 [EB/OL]. (2015-04-13) [2021-02-02].https://tv.cctv.com/2015/04/13/VIDE1428923854189562.shtml.

④ 阎学通. 中国外交全面改革的开始 [J]. 世界知识, 2013(24): 15-16.

## 三、吸引性经济权力四种方式相辅相成

吸引性经济权力的四种作用方式相辅相成，共同构成一个整体。从它们的区别来看，四种权力运用方式各具特色。首先，从权力的状态来看，有静态与动态之分。随着中国与他国经济交往的密切以及相互依赖的加深，中国的结构性经济权力会自然生成，所以结构性经济权力可以视为一种客观存在的权力，结构型经济激励可以视为经济激励的静态表现形式。如此区分的话，扩散型经济激励、指向型经济激励、施压型经济激励则是经济激励的动态表现形式，它们体现了经济激励运用中的主动性和灵巧性。静态的经济激励强调权力的客观存在性，动态的经济激励强调权力的人为运作性。其次，从权力运用的目的来看，有模糊与明确之分。扩散型经济激励的目的是发展友好关系，广交朋友，因为"朋友是我们构建大国外交的基础，有了朋友就有了良好的国际环境"①。而结构型经济激励、指向型经济激励和施压型经济激励的目的都在于影响或改变对象国的政策行为，使其朝着有利于本国的方向发展。这些经济激励方式可以在特定领域对特定行为进行引导、警告甚至干预。最后，从权力运用的方向来看，有拉与推之分。吸引性经济权力在大部分情况下都是靠利益的吸引来发挥作用的，即拉力，如结构型经济激励、扩散型经济激励、指向型经济激励。但是经济吸引并不是一味地吸引、给予，它也有推力，如施压型经济激励。对权力的运用要遵循软硬结合的原则。对于中国来说，我们倡导使用吸引性的力量，同时也要适度使用推压性的力量。我们要以吸引性的力量促进与友好国家的合作，同时以推压性的力量制止少数国家对中国的侵害。对吸引性经济权力的运用方式进行

① 国际先驱导报：中国可以不结盟但不能不交友 [EB/OL].（2010-12-15）[2021-02-02].https：//www.chinanews.com/gj/2010/12-15/2722940.shtml.

区分的目的在于更深刻地认识吸引性经济权力。只有在理论上进行尽可能全面的梳理总结，才能在外交实践中灵活运用。国际政治复杂多变，外交决策者要根据实际情况适时使用不同的方式，或者是交叉运用多种方式。

## 第二节 经济吸引与经济制裁的关系

与经济吸引相对的是经济制裁，经济吸引和经济制裁是一对相伴相生的概念，是一个问题的两个方面。经济制裁在国际关系中的广泛使用程度不亚于经济吸引，因此很有必要梳理两者之间的关系，明晰它们在外交中发挥怎样的作用。下文将从经济制裁的概念出发，辨析经济吸引和经济制裁之间的区别与联系。

### 一、经济制裁的概念辨析

制裁对应的英文是"sanction"。中文的"制裁"只有强制约束力、惩罚这一层含义，而英文的"sanction"不仅有制裁、惩罚的含义，还有批准、许可的含义。中英文含义的交叠错位不免引起翻译时的混乱。所以，国外学者又用"positive sanction"和"negative sanction"进行区分。相应地，有中国学者将其翻译为"积极制裁"和"消极制裁"。但是由于"positive sanction"的真实含义是吸引和诱导，笔者认为"积极制裁"不仅不能准确地表达其含义，还容易造成混乱，所以本书采用潘忠岐在《国际关系精要》中的译法，将"positive sanction"译为"积极利诱"，将"negative sanction"译为"消极制裁"。[①] 在本书中，积极利诱等同于"吸引性经济权力"（即经济吸引），消极制裁等同于"经济制裁"。

---

① 明斯特.国际关系精要[M].潘忠岐，译.上海：上海人民出版社，2007：117.

经济制裁的概念辨析主要涉及经济制裁概念的广义与狭义之争。从狭义方面界定经济制裁的学者坚持经济制裁是为了实现政治目的这一特性，而从广义方面界定的学者则不认为经济制裁必须包含政治目的，为了纯粹的经济利益亦可。从现有的文献来看，坚持经济制裁狭义概念的学者较多。例如，张曙光把国际经济制裁界定为："一个或多个民族国家为了对外政策的目的，对一个或多个民族国家而采取的强制性经济措施。"① 石斌把国际经济制裁界定为："一个或多个国际行为体（通常是国家或国际组织），为了实现一定的政治目的，公开地对某个或某些国际行为体施加各种经济压力，或与其断绝经济交往或与经济有关的其他交往。"② 这两位学者都强调经济制裁的对外政策目的或政治目的。美国学者加利·克莱德·霍夫鲍尔（Gary Clyde Hufbauer）等把经济制裁定义为："蓄意的、由政府发起的、断绝或威胁断绝惯常贸易或金融关系的行为"，其目的是"制裁发起国公开地或暗中地寻求受制裁国政治行为的变化"。③ 这个界定强调了经济制裁的故意性和改变他国行为的目的性。也有学者从限制性经济行为的角度对经济制裁进行界定，认为经济制裁是"制裁国为表达对被制裁国的不满，并迫使其改变不利于制裁国利益的政策而采取的一种限制性经济行为"④。总的来说，以上这些学者都是从狭义的角度来理解和定义经济制裁这个概念的。

中国学者周永生和国外学者鲍德温等则从广义的角度看待经济制裁，认为经济制裁的概念可以扩展。周永生认为，经济制裁是一个广义的概念，只要一国限制、损害、剥夺他国的利益，并且其目的是实现特定的

---

① 张曙光. 经济制裁研究 [M]. 上海：上海人民出版社，2010：4.

② 石斌. 有效制裁与"正义制裁"：论国际经济制裁的政治动因与伦理维度 [J]. 世界经济与政治，2010（8）：24–47.

③ 霍夫鲍尔，等. 反思经济制裁 [M]. 杜涛，译. 上海：上海人民出版社，2011：3–4.

④ 柳剑平，刘威. 美国对外经济制裁问题研究：当代国际经济关系政治化的个案分析 [M]. 北京：人民出版社，2009：42.

目标，这种行为无论其起因、领域、程度等如何，均可以视为经济制裁。他认为，只要具备了明确的政策目标和主观故意这两个实质性条件，所有作出损害对方经济权益的行为都可以是经济制裁。[1] 在鲍德温看来，制裁也是一个广义的概念，不仅是指经济制裁，还包括政治制裁、文化制裁、军事制裁、外交制裁等。[2] 由此可以看出，广义上的经济制裁，关注点在于手段的"强制性"；而狭义上的经济制裁，关注点在于目的的"政治性"。本书采用狭义的经济制裁概念，即通过损害对方的经济利益达到政治目的。

从以上概念梳理可以看出，经济制裁具有制裁主体多元性、制裁方式强制性和制裁目的政治性三个主要特征。[3] 首先，经济制裁的主体是民族国家或国际组织。经济制裁的主体最初是单个国家，后来发展到国际联盟的经济制裁，再到联合国的多边制裁等。其次，制裁的本义包含其方式的强制性和惩罚性。经济制裁虽然也是一种权力关系，但是这种关系是一种单方面的强制行为，不会考虑对方的意愿。最后，经济制裁具有鲜明的政治属性。张曙光认为，经济制裁是国家外交和防御政策的主要组成部分，旨在影响目标国的政策，或者破坏目标国政府的政治稳定，或者阻止其实行军事冒险行动。[4] 归根结底，经济制裁的基本特征仍然是通过惩罚性的经济手段来达到超经济的目的。

经济制裁的这些特点决定了它不同于其他对外政策手段的优势。决策者之所以推崇经济制裁，是因为与外交手段相比，经济制裁的可信度高；与军事手段相比，经济制裁的成本低。所以阮建平说，经济制裁是软

---

① 周永生.经济外交 [M].北京：中国青年出版社，2004：299.

② Doxey M P.International Sanctions in Contemporary Perspective[M].Hampshire：Palgrave Macmillan UK，1987：8–11.

③ 柳剑平，刘威.美国对外经济制裁问题研究：当代国际经济关系政治化的个案分析 [M].北京：人民出版社，2009：40–41.

④ 张曙光.经济制裁研究 [M].上海：上海人民出版社，2010：4.

弱的外交交涉与后果严重的军事手段之间的一种廉价而有效的选择。[①] 石斌对经济制裁优势的总结更加全面，他认为：经济制裁不仅有效而且具有很大的灵活性，"既可以是某种象征性措施，也可以是实质性的甚至非常严厉的惩罚手段"，"既可以保留较多的经济成分，也可以被赋予浓厚的政治色彩"；经济制裁更为温和、间接，其道德成本低廉，更容易被国际社会所接受。[②] 经济制裁优势的背后有不可忽略的环境因素：一方面，战争的合法性遭到质疑，人们也开始反思其破坏性；另一方面，全球经济的相互依赖程度加深。这两方面因素共同作用促成了国家对战争手段的贬抑和对经济制裁手段的褒扬。那么，随着相互依赖程度的加深和国际关系深刻调整的出现，对外政策手段是否也会随之变化呢？下文将比较经济吸引和经济制裁的异同，并分析它们作为国家对外政策工具的作用与定位。

## 二、经济吸引与经济制裁的关系

在梳理了经济制裁的概念、特点及优势之后，我们将从理论和外交实践两方面来总结经济吸引和经济制裁的区别与联系。经济吸引和经济制裁之间有着必然的联系，可以说是一个问题的两个方面。因为允诺给予对方好处也意味着，对方如果不顺从就会受到惩罚；同样，威胁给予对方惩罚也意味着，对方如果顺从就能得到好处。所以，"威胁暗示着允诺，允诺暗示着威胁"[③]。谢林对允诺和威胁之间的关系也持相同的观点，他认为威胁和允诺是一方对另一方的互动反应模式，"我们最好将二者看

---

① 阮建平. 战后美国对外经济制裁 [M]. 武汉：武汉大学出版社，2009：17.

② 石斌. 有效制裁与"正义制裁"：论国际经济制裁的政治动因与伦理维度 [J]. 世界经济与政治，2010（8）：24–47.

③ Baldwin D A.Paradoxes of Power[M].New York：Basil Blackwell，1989：66.

做同一战略的两个不同方面"①。威胁和允诺不是两个毫不相关的事物，而是一枚硬币的两面。因此，可以得出这样的结论：吸引的反面是制裁，制裁的反面是吸引，两者相伴相生，组合成一个整体。

吸引和制裁不是毫不相干的事物，但是它们毕竟不是同一个事物，因此也存在许多显著的不同点。鲍德温说，积极利诱和消极制裁有着不同的行为含义。首先，积极利诱和消极制裁的成本不同。允诺成功的成本高，威胁失败的成本低。因为威胁越大，成功的可能性越大，所需的威胁展示就越少，成本就越低；而允诺越大，成功的可能性越大，所需的允诺落实就越多，成本就越高。其次，积极利诱和消极制裁的象征意义不同。制裁通常在心理上与勇气、荣誉和阳刚之气联系在一起，而吸引会被外界评价为温和、软弱、缺少刚性。通常，人们认为去战斗是荣耀的，而试图用金钱平息战争是可耻的。再次，积极利诱和消极制裁对对方的影响不同。这些反应包括即时反应，也包括后效用和副作用。例如，制裁使对方产生恐惧和抵制，吸引则给对方以希望和向往。最后，积极利诱和消极制裁还有其他不同点。例如，制裁比吸引发挥作用更快；制裁有下限，而吸引没有上限；使用吸引容易被他者"绑架"，对方可能为了从中获利而故意制造矛盾；等等。② 从理论上比较，积极利诱和消极制裁各有优劣，很难说哪种方式更好。它们各有特点，它们都具有不可替代的作用，都能在外交领域发挥影响力。而在外交实践中，采用哪种方式应该具体问题具体分析。对外政策手段的选择，除了根据问题的性质判断，也要结合事态的发展阶段。例如，在两国之间发生冲突时，一般首先通过外交途径解决；在外交手段不能奏效的时候，可以通过施压型经济激励"给对方点颜色看看"；随着冲突的升级，可以采用局部或全面的经济制裁；在冲突升级到无法用和平方式挽回的程度时，就只能诉诸武力了。

① 谢林.冲突的战略[M].赵华，等译.北京：华夏出版社，2011：113.
② Baldwin D A.Paradoxes of Power[M].New York：Basil Blackwell，1989：68–79.

本书研究并倡导吸引性经济权力，但并不否定经济制裁的作用。经济吸引是一种相对"软"的方式，经济制裁是一种相对"硬"的方式，外交中的"软""硬"是有条件的，是根据具体条件而变化的，而不能作简单武断的定性。经济吸引与经济制裁在学术上是泾渭分明的，但在外交实践中并不是截然对立的。"硬"的对外政策能够更好地维护国家利益，"软"的对外政策能够结交更多的伙伴。然而，一个国家的政策选择永远也做不到明确地区分"软""硬"。不管是经济吸引还是经济制裁，都是一国不可或缺的外交手段，只要它们能服务于国家利益和国家战略，都可以加以使用。在现实的外交中，经济吸引和经济制裁还要相互配合、交替使用，使外交政策既强硬又温和、既斗争又合作、既有原则性又有灵活性。正如乐玉成所言："斗争和妥协都不是外交的目的，也不是评判外交好坏的标准，而只是实现外交目标的方式和选项，这就要求我们该斗争的斗争，该合作的合作，该周旋的周旋。"① 评价一种外交方式是否得当的根本标准在于，"是否有助于改善中国面临的总体国际环境，是否能有效地维护中国的核心国家利益，是否有助于推进中华民族的伟大复兴"②。

对中国来说，外交的"软""硬"体现在坚持和平发展道路与捍卫国家核心利益这两者的辩证关系上。一方面，我们坚持走和平发展道路，但不能以损害国家核心利益为交换，否则中国外交将展现出"硬"的一面；另一方面，我们坚决捍卫国家的核心利益，但不会放弃走和平发展道路，这是当前中国外交依然包含"软"的因素的原因所在。外交手段软、硬的讨论不只限于学术研究中，也体现在现实的外交战略选择上。习近平主席对两者之间的关系阐述如下："我们要坚持走和平发展道路，但决不能放弃我们的正当权益，决不能牺牲国家核心利益。任何外国不要指望我们会拿自己的核心利益做交易，不要指望我们会吞下损害我国主权、

---

① 乐玉成. 世界大变局中的中国外交 [J]. 外交评论，2011（6）：1-6.
② 周方银. 中国外交软与硬的标准是什么 [J]. 人民论坛，2013（12）：56-57.

安全、发展利益的苦果。"① 习近平主席的这一讲话为中国外交划清了底线，即在国家核心利益遭受挑战和破坏时，我们要毫不犹豫地进行还击，包括使用经济制裁甚至军事手段；而在面对不涉及国家核心利益的矛盾时，我们仍然希望用和平的方式解决问题，例如对他者进行经济吸引诱导其改变，或者进行施压型经济激励迫使其改变。

就当前中国面临的国际环境和中国的实力现状来说，经济吸引和经济制裁到底孰轻孰重、孰先孰后呢？有报告指出：总的来说，中国要多使用吸引性的力量，而适度使用推压性的力量，在外交政策的软、硬选择方面要做到"软的软用、软的更软、硬的更硬、软硬结合、先软后硬、软硬有别，以软为主"，最终真正实现实力的巧妙运用和有效发挥。② 从这种提法来看，总的来说是要刚柔相济、软硬兼施，这也是大多数学者的主张。但是这种提法的不同之处首先在于突出吸引性力量的优先使用，如"先软后硬""以软为主"的观点。这种观点表明，在处理外交争端时，应该优先使用吸引性手段，争取通过吸引性手段来化解中国外交面对的挑战。这种吸引力优先型战略是由中国的和平发展战略和负责任大国意识决定的。其次，中国并不放弃使用反制性力量。在吸引性力量已经失去作用，或者他国已经威胁到中国正当利益的时候，就要及时而适度地使用反制性或推压性力量。这里之所以说要使用反制性或推压性力量，而不是说要使用制裁，有两个原因：一方面，从本书的研究中得出，在完全的吸引和完全的制裁之间还存在一块介于两者之间、通过撤回允诺利益发挥作用的"施压区域"；另一方面，外交的常态也是介于完全的友好和完全的敌对之间的摩擦状态，而挑战他国底线的情况毕竟是少数。基于这两点，再加上现在国家间的深度相互依赖，本书认为，使用比制裁烈度更低的反制和施压，同样可以达到改变他国政策和行为的目的。最

---

① 习近平. 习近平谈治国理政（第一卷）[M]. 北京：外文出版社，2014：249.
② 复旦"国务智库"战略报告编写组. 复旦中国国家安全战略报告：安全、发展与国际共进 [R]. 2014：24.

后，实力的柔性运用战略也要区分对象。这即是说，对不同的国家要采取有差别的政策。例如，对那些与中国友好的国家要加大吸引性力量的使用力度，给予其更多的利益；而对那些损害中国利益的国家，要使用军事、政治、法律、经济、舆论、外交等多种力量进行综合反制。之所以要区分对象并采取差异化的政策，是因为差异化的外交政策是一国外交政策更加清晰和明确的表现，差异化的外交政策才能使外交政策更有针对性，更加有的放矢。同时，政策的差异也能给予我们的对象国一定的激励，使我们的伙伴更加珍惜这种友谊，使我们的对手更想向我们靠近。区分外交政策的对象应当不仅是实力柔性运用战略的一个特点，也应当成为中国外交创新的一个特色。从实力柔性运用战略的特点来看，我们倡导优先使用吸引性力量，辅助使用推压性力量，并慎重使用强制性力量，通过新型的力量使用方式展现中国新型大国外交的特色。

## 第三节 "一带一路"与吸引性经济权力

"一带一路"将中国的对外开放与亚欧大陆协调发展结合起来。"一带一路"将不仅惠及国内，还将惠及周边；"一带一路"不仅旨在促进经济发展，还将通过政治、文化、外交等各方面展现中国的大国形象；"一带一路"不仅发展完善当前的国际治理体系，还将构建具有中国理念的新型国际关系。本书将通过梳理"一带一路"的提出背景、内涵和现实意义来阐述中国经济权力运用的增量改进策略。

### 一、"一带一路"的提出背景与内涵

"一带一路"从国家领导人首次提出到出台正式文件历经一年多的时间。"一带一路"不仅是中国经济实力强大的结果，也是中国履行大国责

任的表现。下文将具体阐述"一带一路"的提出过程、政策内涵和现实意义。

1."一带一路"的提出

2013 年，习近平主席在访问哈萨克斯坦时提出共同建设"丝绸之路经济带"的倡议；同年 10 月，他在印度尼西亚国会发表演讲时提出共同建设"21 世纪海上丝绸之路"的构想。也是在 2013 年 10 月，习近平在周边外交工作座谈会上发表重要讲话，指出："要同有关国家共同努力，加快基础设施互联互通，建设好丝绸之路经济带、21 世纪海上丝绸之路。"①这是继习近平主席在中亚和东南亚分别提出"丝绸之路经济带"和"21 世纪海上丝绸之路"倡议之后，中央首次明确提出"一带一路"部署，并与中国的周边外交工作相结合。2013 年 11 月，中共中央十八届三中全会通过了《中共中央关于全面深化改革若干重大问题的决定》（以下简称《决定》）。《决定》指出："建立开发性金融机构，加快同周边国家和地区基础设施互联互通建设，推进丝绸之路经济带、21 世纪海上丝绸之路建设，形成全方位开放新格局。"②2013 年 12 月，中央经济工作会议进一步明确"一带一路"为 2014 年经济工作的重点推进方向。2014 年 3 月，李克强总理在《政府工作报告》中指出："抓紧规划建设丝绸之路经济带、21 世纪海上丝绸之路，推进孟中印缅、中巴经济走廊建设，推出一批重大支撑项目，加快基础设施互联互通，拓展国际经济技术合作新空间。"由此，"一带一路"再一次被纳入中共中央文件，并作为政府工作重点加以部署。2014 年 11 月，习近平主持召开中央财经领导小组第八次会议，研究丝绸之路经济带和 21 世纪海上丝绸之路规划，发起建立亚洲基础设施投资银行和设立丝路基金，他指出："建立亚洲基础设施投资银行是要为'一带

① 习近平 . 习近平谈治国理政（第一卷）[M]. 北京：外文出版社，2014：298.
② 中共中央关于全面深化改革若干重大问题的决定 [N]. 人民日报，2013–11–16.

一路' 有关沿线国家的基础设施提供资金支持，促进经济合作"，"设立丝路基金是要利用我国资金实力直接支持'一带一路'建设"。[1]2015 年 3 月 28 日，国家发展改革委、外交部、商务部三部委经国务院授权，联合发布了《推动共建丝绸之路经济带和 21 世纪海上丝绸之路的愿景与行动》（以下简称《"一带一路"愿景与行动》）。随着《"一带一路"愿景与行动》的出台，"一带一路"倡议逐步走向实施。

根据《"一带一路"愿景与行动》，"一带一路"将继续秉承"和平合作、开放包容、互利共赢"的丝绸之路精神，坚持开放合作、和谐包容、市场运作、互利共赢的原则，以"五通"——政策沟通、设施联通、贸易畅通、资金融通、民心相通为主要内容，全方位推进务实合作，打造政治互信、经济融合、文化包容的利益共同体、责任共同体和命运共同体。具体包括三个方面：把握好合作方向、共建经济合作走廊，形成区域经济一体化新格局。[2]"一带一路"的线路有 5 条。丝绸之路经济带重点畅通中国经中亚、俄罗斯至欧洲（波罗的海）；中国经中亚、西亚至波斯湾、地中海；中国至东南亚、南亚、印度洋。21 世纪海上丝绸之路重点方向是：从中国沿海港口过南海到印度洋，延伸至欧洲；从中国沿海港口过南海到南太平洋。[3]从"一带一路"的原则、措施、线路规划来看，"一带一路"具有开放性、动态性的特点。之所以说"一带一路"具有开放性，是因为从它的地理区域来看，"一带一路"以周边国家和地区为起点和重点，但并不局限于中国周边，它可以扩展和延伸到更广阔的区域，甚至可以辐射到非洲。所以有专家纠正说，我们经常说的"沿线 65 个国家"表述并

---

① 习近平主持召开中央财经领导小组第八次会议 李克强等出席 [EB/OL].（2014-11-06）[2021-02-02]. http://www.gov.cn/xinwen/2014-11/06/content_2775891.htm.

② 国家发展改革委，外交部，商务部. 推动共建丝绸之路经济带和 21 世纪海上丝绸之路的愿景与行动 [M]. 北京：人民出版社，2015：26-28.

③ 国家发展改革委，外交部，商务部. 推动共建丝绸之路经济带和 21 世纪海上丝绸之路的愿景与行动 [M]. 北京：人民出版社，2015：6.

不准确，全世界 230 多个国家，只要致力于"一带一路"发展的，都是丝路国家。① 所以说，"一带一路"是开放的而非封闭的。动态性则是指"一带一路"的合作内容。"一带一路"的实施是一个长期的过程，要着眼长远，先易后难、先近后远、抓住重点；首先是经济，重点也是经济，但只有经济还不行，还要拓展政治关系、安全合作、文化交流。因此，一些学者认为，不要给"一带一路"设置硬性的时间点，而是让其自然发展，不要人为强行推动或者搞计划经济。

2. "一带一路"的实力基础

中国能够倡导如此规模庞大、国家众多、地理广阔的经济合作倡议，得益于中国坚实的经济基础和不断提升的外交能力。首先，从经济实力来看，中国已经成为"全球第二大经济体、第一大货物出口国和第二大进口国、第一大外汇储备国，每年对外投资规模超 1000 亿美元，出境旅游超过 1 亿人次 / 年"②。中国已成为世界第一贸易大国，是 128 个国家和地区的最大贸易伙伴；中国已成为世界上对外投资规模最大的国家之一，以及世界上最为开放包容的市场经济体之一。正是基于这样的经济实力，中国得以复兴丝绸之路。中国不仅倡议建设"一带一路"，并且也为其作出了实实在在的贡献。例如，中国出资 400 亿美元设立丝路基金，现已顺利启动；中国倡导成立 1000 亿美元的亚洲基础设施投资银行，中国认缴额为 297.804 亿美元，占总认缴股本的 30.34%，现为亚投行第一大股东。③ 中国的经济优势，除了中国资本还有中国技术。目前，中国的高铁、船舶、通信、核电、特高压等技术以及中国的装备制造都达到了世界领

---

① 赵磊. 纠正"一带一路"建设的错误认知 [EB/OL]. (2015-03-04) [2021-02-02].http：//opinion.china. com.cn/opinion_80_124380.html.

② 高飞. 中国特色大国外交视角下的"一带一路" [J]. 经济科学，2015（3）：10-12.

③ 《亚洲基础设施投资银行协定》签署仪式在北京举行 [EB/OL]. (2015-06-29) [2021-02-02].http：// www.mof.gov.cn/zhengwuxinxi/caizhengxinwen/201506/t20150629_1262372.htm.

先水平，"中国装备"和"中国制造"已成为中国在国际市场中极富竞争力的新名片。但中国经济强大之后，不只是考虑竞争，更注重与他国合作、共同发展，还包括履行大国义务、提供公共产品。习近平主席在 2014 年 11 月的亚太经合组织工商领导人峰会开幕式上的发言中表示："随着综合国力上升，中国有能力、有意愿向亚太和全球提供公共产品，特别是为促进区域合作深入发展提出新倡议新设想。"①

中国提出"一带一路"倡议的第二个基础在于中国外交能力的提升和外交方式的转变。外交部部长王毅认为，以习近平为总书记的新一届中央领导集体成立以来，在外交上不断"采取新举措，推出新理念，展示新气象"，新时期的中国外交"更具全球视野、更富进取意识、更有开创精神"。②陈志敏将中国外交的这些新变化总结为五个方面：定位创新、战略创新、制度创新、手段创新、方式创新。③其中，在外交战略创新方面，"中国外交最鲜明的特点是主动进取"④。这表明中国外交开始从防守反应型向主动塑造型转变。这一转变体现在新一届政府外交手段的创新上：在国内通过"中国梦"来凝聚全国人民的力量；在国际上通过"中国特色大国外交"来展现中国方式；以"新型大国关系"的原则来稳定与美国等大国的关系；以"亲诚惠容"的方针来开展周边外交；以"真实亲诚"的方针来指导对非关系；以"丝绸之路经济带"和"21 世纪海上丝绸之路"来拓展中国的海陆伙伴网络；以金砖合作机制推动与新兴大国的合作；以"正确义利观"和"命运共同体"理念来巩固与发展中国家间的合作。这些吸引力构成了中国柔性外交的基础。从中国外交的创新和改变来看，它不

---

① 习近平.谋求持久发展共筑亚太梦想：在亚太经合组织工商领导人峰会开幕式上的演讲[N].人民日报，2014-11-10.

② 王毅.探索中国特色大国外交之路[J].国际问题研究，2013（4）：1-7.

③ 陈志敏.中国的外交创新是否需要外交革命[J].世界经济与政治，2014（12）：37-51.

④ 王毅在十二届全国人大二次会议举行的记者会上就中国外交政策和对外关系答中外记者问[N].人民日报，2014-03-09.

仅更具进取性，而且具有吸引性，这两者结合在一起，共同形成了中国大国外交的特色。"一带一路"正是体现了中国外交的这一特点。中国像其他大国一样发挥领导力，但并不谋求一家独大的霸权。中国的领导力是一种温和的领导力，它谋求建立一种共生型的国家间关系。

"一带一路"自 2013 年提出以来，成绩显著，潜力巨大。"一带一路"合作倡议提出以来，中国与沿线各国坚持共商、共建、共享原则，不断扩大与"一带一路"国家的合作共识，推进"一带一路"建设逐渐从理念转化为行动，从愿景转化为现实，从谋篇布局的"大写意"走向深耕细作的"工笔画"新阶段，取得了令人瞩目的成就。"一带一路"倡议提出以来，中国夯基垒台、立柱架梁，已经将"一带一路"打造成为我国参与全球开放合作、改善全球经济治理体系、促进全球共同发展繁荣、推动构建人类命运共同体的中国方案。

3. "一带一路"的现实意义

"一带一路"是国内、国际两个大局的统一，是深化对外开放与加强亚欧互联互通的统一，是中国国际责任与国际抱负的统一。对中国来说，实施"一带一路"的意义主要有三个方面：一是中国经济可持续发展的需要，二是稳定周边的需要，三是中国构建新型国际关系的需要。

第一，中国经济可持续发展的需要。中国经济可持续发展的动力来源于中国的中西部以及欧亚大陆。西部地区有着丰富的资源和广阔的市场，是中国经济进一步发展的战略纵深。中西部地区占中国国土面积的80%、人口的 60%，但 GDP 不到全国的 1/3。所以，只有将西部大开发与"一带一路"的西向战略结合起来，才能真正扩大与深化对外开放。李克强总理指出："今后扩大开放的最大潜力和回旋余地在中西部地区，要抓紧制定丝绸之路经济带、21 世纪海上丝绸之路的相关规划和具体方案，重点推进与周边国家基础设施互联互通，打造孟中印缅、中巴经济走廊，沿线各地要找准定位、密切配合。"①

第二，稳定周边的需要。王毅指出，"和平进程始自周边；中国将继续把周边作为外交优先方向，塑造一个更加和平稳定、发展繁荣的周边环境"②。中国的外交布局一直把周边作为"首要"，是因为周边国家在地理上和中国有着千丝万缕的联系，这也决定了它们在政治和安全上与中国有着割不断的联系。而经济是政治和安全的基础，中国要想有一个政治稳定的周边，首先就要有一个经济繁荣的周边。所以不管是出于自身政治安全考虑，还是出于中国的大国责任考虑，中国都需要与周边国家共同发展。

第三，中国构建新型国际关系的需要。国际社会的一些国家对中国的发展道路持有偏见，另外一些则把历史上的霸权更替理论强加在中国身上，这些都造成了它们对中国的不信任。而"一带一路"倡议恰好可以向外界展示中国与国际社会的相处方式、中国倡导的新型国际关系准则。中国倡导的"一带一路"，"不是外向性的地缘政治战略，而是促进中国西部地区发展和扩大向欧亚内陆甚至欧洲地区开发的宏大经济愿景"③。中国不仅不会走上老牌资本主义国家霸权争夺、地缘政治的老路，并且还会为国际社会提供新方式、新理念。可以说，"一带一路"不失为一个很好的契机，去展示中国特色的大国外交方式。

## 二、以增量改进方式发挥经济吸引力

增量改进是指在原有制度的基础上进行改进，或者发展出更好的制度，而不是试图去推翻打破原有的制度。因为中国一直都把自己定位为

---

① 李克强. 关于深化经济体制改革的若干问题 [J]. 求是，2014（9）：3-10.

② 王毅. 探索中国特色大国外交之路 [J]. 国际问题研究，2013（4）：1-7.

③ 冯玉军. "一带一路"上没有"盟主" [EB/OL].（2015-03-27）[2021-02-02].http：//www.thepaper.cn/newsDetail_forward_1310444.

国际体系的参与者、建设者和贡献者。因此，改进完善一个体系而不是颠覆重塑一个体系，这样的做法更有助于世界的和平稳定，也更符合中国的国家利益。苏长和将"中国式增量改进"的原则总结为七点，包括"做加法不做减法"的增量原则、积极让利原则、没有条件创造条件的创利原则、公平均衡的原则、善于掌控规则的原则、尊重多样性的原则、不损害他人利益的原则等。[①] 通过这些原则的归纳总结可以看出，这与以往的崛起大国对既有国际体系颠覆式的改造完全不同，中国对待国际体系的态度首先是参与和融入，继而提出改革式的建议而不是进行革命式的推翻。另外，除了对待国际体系的态度和方法，中国开展大国外交的做法也颇有创新性。例如积极让利原则和创利原则等，这种在利益的获取上不谋"私利"并且还要谋求"公利"，甚至主动为他人谋利的做法，是过去在现实主义理论主导下的西方外交不曾有的。因此，增量改进原则不仅总结了既往的中国外交的特点，更指出了进一步展开的中国特色大国外交的方向。

以上述中国式增量改进的七个原则为对照，我们可以发现中国的"一带一路"倡议也体现着这些具有中国特色的新方式。然而"一带一路"也只是中国特色大国外交和中国倡导的新型国际关系的一个缩影，本书试图通过"一带一路"这个具体案例探讨中国外交的三个方面，即中国文化、中国方式、中国目标。

第一，中国文化。文化影响着一个国家的所有内政外交行为，并且有时候这个影响是决定性的。例如，中国文化对中国外交方式的形成具有根基性的作用。王毅将影响中国外交特色的中国文化总结为："民胞物与、仁者爱人的人本精神，为政以德、执两用中的政治思想，兼爱非攻、亲仁善邻的和平志向，以和为贵、和而不同的和谐理念，推己及人、立

---

① 苏长和. 共生型国际体系的可能：在一个多极世界中如何构建新型大国关系 [J]. 世界经济与政治，2013（9）：4-22.

己达人的待人之道。"① 由此看出，中国的传统文化体现了一个"和"，即和合。

第二，中国方式。中国方式是结合中国文化和中国现实而形成的。中国在国际社会中一向倡导和平发展、合作共赢。例如，在"一带一路"建设中主张共商、共建、共享原则，秉持"和平合作、开放包容、互学互鉴、互利共赢"的理念。再如，习近平主席提出的"相互尊重、协商一致、照顾各方舒适度"的亚洲方式等。所以，中国的外交方式也体现了一个"和"，即柔和。

第三，中国目标。西方国家的传统外交目标是通过结盟壮大自身的实力以获得对他国的相对优势。而中国外交的目标恰恰是结伴而不结盟。可以说，结盟对抗是传统西方外交的一大特色，结伴而不结盟则是中国新型外交的一个亮点。如今，包括中国在内的许多新兴国家都在追求结伴而不结盟的外交目标。结盟思想源于军事对抗，而结伴思想基于和平发展，这是两种截然不同的安全观。结伴而不结盟的外交思想不仅体现在学术研究中，也切实运用在中国的外交实践中。2014 年 11 月，习近平主席在中央外事工作会议上指出："要坚持不结盟原则的前提下广交朋友，形成遍布全球的伙伴关系网络。"② 由此看出，中国的外交目标也体现了一个"和"，即和平。

"和"在汉语中的意思非常丰富，有平稳、均衡、相加、跟、连带等多种含义。但不管是哪种含义，基本上都有两者或者更多事物加在一起的意思。"和"体现了一种增加、包容、非排他性的含义。如前面讲到的增量改进原则就是做利益的加法、制度的加法，吸引性经济权力也是做经济利益的加法而非减法。中国外交在文化内涵、使用方式、政策目标等方面都体现着一个"和"，这可以算是中国外交的一个特色。中国要形

---

① 王毅. 探索中国特色大国外交之路 [J]. 国际问题研究，2013（4）：1–7.
② 中央外事工作会议在京举行 [N]. 人民日报，2014–11–30.

成有自己特色的大国外交，就要在总结外交实践经验的基础上，丰富和发展中国外交理念，使外交工作体现出鲜明的中国特色、中国风格和中国气派。

## 第四节　未来的研究方向

吸引性经济权力理论是从外交实践中归纳得出的，因此，随着外交实践的更加丰富，吸引性经济权力的理论也会更加丰满。归纳并不能穷尽所有现象，所以随着外交实践中新现象和新手段的出现，吸引性经济权力的理论也会有相应的发展。同时，吸引性经济权力的评价机制，也需要深入研究。所以，在可以预期的未来，吸引性经济权力的理论和实践会同步向前。

第一，经验材料的丰富。本书中的吸引性经济权力理论是从中国外交的实践中得出的，随着中国的经济权力运用更加纯熟，相关的经验材料必定更加丰富。因此，中国经济的持续发展将为吸引性经济权力研究提供更大的发展空间。另外，本书的经验材料来源于中国，但对吸引性经济权力的认识并不能局限于中国。我们可以观察他国运用吸引性经济的外交实践，特别是新兴经济体在经济发展过程中运用经济权力的外交实践，或许能为我们提供新思路、新启发。只有掌握更加丰富的经验材料，并加以归纳总结，找出其背后的共同点，才能将其升华为理论。可以说，经验材料的丰富程度决定了理论解释的完善程度。因此，在未来的研究中，进一步收集和整理更加丰富的经验材料是做好吸引性经济权力理论研究的基础。

第二，理论解释的发展。本书研究了一个新问题，并且也提出了许多新概念。本书试图从学理层面解释吸引性经济权力，将其区分为四种方式，并阐述了每一种方式的概念来源、作用机理和相关案例。但是，作为一份对吸引性经济权力进行初步研究的成果，本书的理论解释也不免粗浅。另外要指出的是，在本书的四种运用方式——结构型经济激励、扩散型经济激励、指向型经济激励、施压型经济激励——之外，应该还存在一种"排他型经济激励"。排他型经济激励是指由于某一对象国正在作出与本国国家利益或政策相违背的行为，所以在本国给予其他对象国增量经济利益时，唯独将该对象国排除在外，不给予其增量经济利益，但是在该对象国行为或政策改变之后，仍然可以获得与其他对象国同等的增量经济利益。这里的对象国是一个特征相同的群体，该对象国与其他对象国在其他方面没有差异，只是该对象国在施加与本国的国家利益和政策相悖的行为，其他对象国则没有。排他型经济激励属于激励而非制裁，因为它没有拿走该对象国已有的经济利益，并且给予该对象国期待的经济利益。排他型经济激励可以作为一种有效的外交手段，因为它虽然没有触动该对象国的已有利益，但是在该对象国与其他对象国的利益比较中，它已经处于一种相对的损失状态。更重要的是，在这个群体中，该对象国会在无形中受到来自其他对象国的环抱式压力。另外，这种预期经济利益不是空中楼阁，它在该对象国行为改变之后便可以获得。排他型经济激励试图通过预期经济利益来诱导他国政策和行为的改变，因此也属于经济激励。本书认为，排他型经济激励是一个值得深入研究的问题。

第三，评价机制的完善。吸引性经济权力的评价机制在本书中也有专门的一节来阐述。不过，本书给出的是三个定性的标准。在未来的研究中，是否可以有一些定量的指标来检测吸引性经济激励的作用效果呢？这是需要进一步研究的问题。我们之所以研究吸引性经济权力，就是认为吸引性经济权力是一种有效的外交手段。但是吸引性经济权力在运用之后是否达到了预期的效果呢？这就需要一套完备的评价机制对其进行检验。如果没有一定的评价机制，吸引性经济权力的运用就是盲目的。

　　吸引性经济权力是一个比较大的话题，伴随着研究深度和广度的拓展，可能会有更多有意思并且有意义的研究问题出现。本书乃抛砖引玉之作，希望得到专家学者的指教，也希望吸引性经济权力能得到更多的关注和更充分的研究。

# 参考文献

## 中文部分

薄燕. 国际谈判与国内政治: 对美国与《京都议定书》的双层博弈分析 [D]. 上海: 复旦大学, 2003.

贝里奇, 詹姆斯. 外交辞典 [M]. 高飞, 译. 北京: 北京大学出版社, 2008.

贝塔朗菲. 一般系统论: 基础、发展和应用 [M]. 林康义, 等译. 北京: 清华大学出版社, 1987.

布劳. 社会生活中的交换与权力 [M]. 李国武, 译. 北京: 商务印书馆, 2012.

布沙尔. 欧盟与 21 世纪的多边主义 [M]. 薄燕, 等译. 上海: 上海人民出版社, 2013.

柴莹辉. 波音在中国不仅是卖飞机 [N]. 中国经营报, 2015-03-30.

陈庆栋. 美国跨国公司在中美关系中的地位与作用研究: 以美国波音公司为例 [D]. 广州: 暨南大学, 2007.

陈淑伟. 开放系统组织研究的历史与理论 [J]. 山东社会科学, 2007（3）: 146-149.

陈喜庆, 孙健. 正负激励方式反向运用: 一种新的激励思路 [J]. 中国农业大学学报: 社会科学版, 2006（4）: 52-56.

陈向国. 欧盟"航空碳税"上演"逼上梁山"大戏？ [J]. 节能与环保，2012（3）：26–32.

陈晓云. 电影学导论 [M]. 北京：北京联合出版公司，2015.

陈岳. 国际政治学概论（第三版）[M]. 北京：中国人民大学出版社，2010.

陈志敏，常璐璐. 权力的资源与运用：兼论中国外交的权力战略 [J]. 世界经济与政治，2012（7）：4–23.

陈志敏，苏长和. 复旦全球治理改革战略报告：增量改进 [R]. 2014.

陈志敏. 中国的外交创新是否需要外交革命 [J]. 世界经济与政治，2014（12）：37–51.

楚树龙，王青. 传统文化对当代中国外交的影响 [J]. 世界经济与政治，2007（12）：33–41.

戴超武. 基辛格 – 尼克松的"宏大构想"、尼克松主义与冷战转型 [J]. 南开学报：哲学社会科学版，2007（5）：19–27.

邓学军，夏洪胜. 成本考量、资源依赖抑或制度驱使：企业间网络形成动因分析 [J]. 学术研究，2008（5）：80–86.

丁韶彬. 大国对外援助：社会交换论的视角 [M]. 北京：社会科学文献出版社，2010.

丁韶彬. 国际政治中弱者的权力 [J]. 外交评论，2007（3）：87–96.

丁志刚. 论国家权力与市场力量在国际关系中的作用 [J]. 世界经济与政治，1998（2）：53–56.

樊勇明. 西方国际政治经济学 [M]. 上海：上海人民出版社，2006.

范士明. 公众舆论、新闻媒体对九十年代美国对华政策国内环境的影响 [D]. 北京：北京大学，1999.

方世豪，译注. 荀子 [M]. 北京：中信出版社，2014.

菲佛，萨兰基克. 组织的外部控制：对组织资源依赖的分析 [M]. 闫蕊，译. 北京：东方出版社，2006.

费显政. 资源依赖学派之组织与环境关系理论评介 [J]. 武汉大学学报：哲学社会科学版，2005（4）：451–455.

封永平. 国际政治权力的变迁 [J]. 社会主义研究，2011（6）：103–107.

弗雷泽. 软实力：美国电影、流行乐、电视和快餐的全球统治 [M]. 刘满贵，等译. 北京：新华出版社，2006.

复旦“国务智库”战略报告编写组. 复旦中国国家安全战略报告：安全、发展与国际共进 [R].2014.

傅高义. 与中国共处：21 世纪的美中关系 [M]. 田斌，译. 北京：新华出版社，1998.

傅梦孜. 中国也需“话语权” [J]. 世界知识，2006（3）：38–39.

傅耀祖，周启朋. 聚焦中国外交 [M]. 北京：中共党史出版社，2000.

高飞. 中国特色大国外交视角下的“一带一路” [J]. 经济科学，2015（3）：10–12.

高望来. 大国谈判谋略：中英香港谈判内幕 [M]. 北京：时事出版社，2012.

格里科，伊肯伯里. 国家权力与世界市场 [M]. 王展鹏，译. 北京：北京大学出版社，2008.

郭洁敏. 当前我国软力量研究中若干难点问题及其思考 [J]. 社会科学，2009（2）：12–19.

郭丽萍. 欧盟力推航空碳税 中航协采取“三不”对策 9 年中国需交 176 亿已升级为外交事件 [J]. 大经贸，2011（12）：71–73.

国家发展改革委，外交部，商务部. 推动共建丝绸之路经济带和 21 世纪海上丝绸之路的愿景与行动 [R]. 北京：人民出版社，2015.

韩朝东. 论跨国公司的权力性质及其对世界政治的影响 [J]. 世界经济与政治，1996（11）：13–16.

何新华. 试析古代中国的天下观 [J]. 东南亚研究，2006（1）：50–54.

胡键. 跳出“国强必霸”的历史周期律 [N]. 社会科学报，2011–09–29.

华尔兹 . 国际政治理论 [M]. 信强，译 . 上海：上海人民出版社，2008.

华尔兹 . 人、国家与战争：一种理论分析 [M]. 信强，译 . 上海：上海人民出版社，2012.

黄会林 . 银皮书：2013 中国电影国际传播年度报告 [M]. 北京：北京师范大学出版社，2014.

黄美玲 . 允诺原则之历史解释 [J]. 环球法律评论，2014（5）：49-63.

霍尔 . 组织：结构、过程及结果 [M]. 张友星，等译 . 上海：上海财经大学出版社，2003.

霍夫鲍尔，等 . 反思经济制裁 [M]. 杜涛，译 . 上海：上海人民出版社，2011.

基欧汉，奈 . 权力与相互依赖 [M]. 门洪华，译 . 北京：北京大学出版社，2002.

基欧汉 . 霸权之后：世界政治经济中的合作与纷争 [M]. 苏长和，等译 . 上海：上海人民出版社，2006.

基辛格 . 白宫岁月：基辛格回忆录（第一册）[M]. 北京：世界知识出版社，2003.

江涌 . 中国要说话，世界在倾听：关于提升中国国际话语权的思考 [J]. 红旗文稿，2010（5）：4-8.

金灿荣 . PNTR 及相关问题 [J]. 世界经济与政治，2000（11）：66-68.

金桂华 . 外交谋略：觥筹交错、折冲樽俎 [M]. 北京：世界知识出版社，2003.

金可为，崔岩双 . 单方允诺初探 [J]. 天津市政法管理干部学院学报，2001（2）：22-25.

金应忠 . 国际社会的共生论：和平发展时代的国际关系理论 [J]. 社会科学，2011（10）：12-21.

卡尔 . 20 年危机（1919—1939）：国际关系研究导论 [M]. 秦亚青，译 . 北京: 世界知识出版社, 2005.

朗. 权力论 [M]. 陆震纶, 郑明哲, 译. 上海: 上海社会科学出版社, 2001.

乐玉成. 世界大变局中的中国外交 [J]. 外交评论, 2011 ( 6 ): 1–6.

雷达, 赵勇. 中美经济相互依存关系中的非对称性与对称性: 中美战略经济对话的经济基础分析 [J]. 国际经济评论, 2008 ( 2 ): 29–33.

李宝俊, 徐正源. 冷战后中国负责任大国身份的建构 [J]. 教学与研究, 2006 ( 1 ): 49–56.

李克强. 关于深化经济体制改革的若干问题 [J]. 求是, 2014 ( 9 ): 3–10.

李普曼. 公众舆论 [M]. 阎克文, 江红, 译. 上海: 上海人民出版社, 2006.

李少军. 国际政治学概论（第三版）[M]. 上海: 上海人民出版社, 2009.

李少军. 国际政治中的权力是什么 ?[J]. 欧洲研究, 2011 ( 2 ): 1–14.

李少军. 中国对外政策分析的几个要素 [J]. 外交评论, 2010 ( 4 ): 21–26.

李寿祺. 利益集团参政: 美国利益集团与政府的关系 [J]. 美国研究, 1989 ( 4 ): 28–41.

李寿祺. 利益集团与美国政治 [M]. 北京: 中国社会科学出版社, 1988.

李巍, 王勇. 国际关系研究层次的回落 [J]. 国际政治科学, 2006 ( 3 ): 112–142.

李伟红. 中美经济关系以尊重为前提以合作为途径以共赢为目标 [N]. 人民日报, 2013–03–20.

李希光, 刘康. 妖魔化中国的背后 [M]. 北京: 中国社会科学出版社, 1996.

李小佳. 让命运共同体成为全球共识: 访太湖世界文化论坛主席严昭柱 [N]. 解放日报, 2014–06–18.

李一鸣. 银幕谎言: 好莱坞电影中妖魔化的华人形象 [J]. 大众电影, 1997 ( 7 ): 16–19.

梁凯音. 论国际话语权与中国拓展国际话语权的新思路 [J]. 当代世界与社会主义, 2009 ( 3 ): 110–113.

梁昆淼 . 力学（第四版）[M]. 北京：高等教育出版社，2010.

梁宵 . 波音：中美经贸棋子？靶子？ [N]. 中国经营报，2010–02–22.

梁咏，叶波 . 欧盟航空业碳减排规则的国际法分析 [J]. 欧洲研究，2012（1）：32–50.

林民旺 . 国际关系的前景理论 [J]. 国际政治科学，2007（4）：104–126.

林毅夫 . 比较优势与中国经济发展 [J]. 经济前沿，2005（11）：4–7.

林毅夫 . 中国经济改革：成就、经验与挑战（纪念改革开放四十周年）[N]. 人民日报，2018–07–19.

刘恩东 . 中美利益集团与政府决策的比较研究 [D]. 北京：中共中央党校，2008.

刘鸿武，黄梅波 . 中国对外援助与国际责任的战略研究 [M]. 北京：中国社会科学出版社，2013.

刘鸿武 . 中非关系 30 年：撬动中国与外部世界关系结构的支点 [J]. 世界经济与政治，2008（11）：80–88.

刘鸿武 . 重新理解中国外交格局 [N]. 东方早报，2013–04–01.

刘丽云 . 国际政治学理论视角下的对外援助 [J]. 教学与研究，2005（10）：83–88.

刘连第 . 中美关系的轨迹：1993 年—2000 年大事纵览 [M]. 北京：时事出版社，2001.

刘庆，王利涛 . 近年国内软力量理论研究综述 [J]. 国际论坛，2007（3）：38–43.

刘亚力 . 未来 20 年中国需要 6330 架飞机 [N]. 北京日报，2015–08–26.

刘杨 . 波音公司对中美关系的作用 [J]. 当代亚太，2004（1）：36–43.

刘振民 . 坚持合作共赢携手打造亚洲命运共同体 [J]. 国际问题研究，2014（2）：1–10.

柳剑平，刘威 . 美国对外经济制裁问题研究：当代国际经济关系政治化的

个案分析 [M]. 北京：人民出版社，2009.

鲁杰. 多边主义 [M]. 苏长和，译. 杭州：浙江人民出版社，2003.

陆亚琴. 经济学理性的背叛：2002 年度诺贝尔经济学奖得主丹尼尔·卡恩
　　曼行为经济学理论述评 [J]. 云南财贸学院学报：经济管理版，2003
　　（1）：32-34.

罗建波. 中非关系为什么如此重要 [N]. 学习时报，2013-04-01.

罗洛夫. 人际传播：社会交换论 [M]. 王江龙，译. 上海：上海译文出版社，
　　1997.

罗素. 权力论：一个新的社会分析 [M]. 靳建国，译. 北京：东方出版社，
　　1988.

骆思典. 电影的公共外交：为何好莱坞对中国的宣传要比其自己的电影更
　　有效？[J]. 张爱华，译. 电影艺术，2012（3）：13-16.

吕其昌，张焱宇. 对华 PNTR 案在美国众议院通过的评析 [J]. 现代国际关
　　系，2000（6）：40-44.

毛艳. 中国气候外交议题策略探析 [J]. 国际展望，2011（1）：35-46.

毛泽东文集（第七卷）[M]. 北京：人民出版社，1999.

梅代罗斯，弗雷维尔. 中国的新外交 [J]. 顾目，译. 国外社会科学文摘，
　　2004（5）：7-12.

梅新育. 我看订单外交 [J]. 中国经贸，2006（6）：38-40.

孟岩峰，朱琼华. 120 亿美元订单延缓：空客"受伤"游说欧盟 [N]. 21 世
　　纪经济报道，2012-03-13.

明斯特. 国际关系精要 [M]. 潘忠岐，译. 上海：上海人民出版社，2007.

摩根索. 国家间政治：权力斗争与和平 [M]. 徐昕，等译. 北京：北京大学
　　出版社，2006.

纳特. 社会学理论的结构 [M]. 邱泽奇，等译. 北京：华夏出版社，2001.

欧阳峣. 大国综合优势 [M]. 上海：格致出版社，2011.

庞中英 . 国际关系中的软力量及其它：评美国学者约瑟夫·奈的《注定领导》[J]. 战略与管理，1997（2）：49-51.

乔普拉，迈因德尔 . 供应链管理 [M]. 陈荣秋，等译 . 北京：中国人民大学出版社，2013.

秦亚青 . 权力·制度·文化：国际关系理论与方法研究文集 [M]. 北京：北京大学出版社，2005.

秦亚青 . 正确义利观：新时期中国外交的理念创新和实践原则 [J]. 求是，2014（12）：55-57.

琼斯 . 美国银幕上的中国和中国人（1896—1955）[M]. 邢祖文，刘宗锟，译 . 北京：中国电影出版社，1963.

阮建平 . 战后美国对外经济制裁 [M]. 武汉：武汉大学出版社，2009.

萨义德 . 东方学 [M]. 王宇根，译 . 北京：生活·读书·新知三联书店，2007.

邵建平，何雁汀 . 激励模式的优劣性比较研究："威胁激励"初探 [J]. 江苏社会科学，2003（6）：49-52.

石斌 . 有效制裁与"正义制裁"：论国际经济制裁的政治动因与伦理维度 [J]. 世界经济与政治，2010（8）：24-47.

舒运国 . 非洲在世界格局中的重要地位：李克强总理定位非洲为"三个一极" [J]. 当代世界，2014（6）：5-7.

斯格特 . 组织理论：理性、自然和开放的系统 [M]. 黄洋，等译 . 北京：华夏出版社，2002.

斯科特 . 制度与组织：思想观念与物质利益 [M]. 姚伟，等译 . 北京：中国人民大学出版社，2010.

斯塔奇 . 外交谈判导论 [M]. 陈志敏，等译 . 北京：北京大学出版社，2005.

斯特兰奇 . 国家与市场 [M]. 杨宇光，等译 . 上海：上海人民出版社，2012.

斯托普福德，斯特兰奇 . 竞争的国家 竞争的公司 [M]. 查立友，等译 . 北京：社会科学文献出版社，2003.

宋国友. 中美经贸关系中的不对称性: 基于数据的分析 [J]. 世界经济与政治论坛, 2007（3）: 33–39.

宋鸥. 尼克松缓和战略评析 [J]. 社会科学战线, 1999（5）: 200–204.

苏长和. 共生型国际体系的可能: 在一个多极世界中如何构建新型大国关系 [J]. 世界经济与政治, 2013（9）: 4–22.

苏长和. 习近平外交理念 "四观" [J]. 人民论坛, 2014（6）: 28–30.

孙大雄. 宪政体制下的第三种分权: 利益集团对美国政府决策的影响 [M]. 北京: 中国社会科学出版社, 2004.

孙西辉. 论构建 "中国—东盟利益共同体" 的外交战略 [J]. 国际关系研究, 2013（1）: 129–140.

孙中山选集 [M]. 北京: 人民出版社, 1981.

谭融. 美国利益集团政治研究 [M]. 北京: 中国社会科学出版社, 2002.

唐小松, 邓凤娟. 中美经济共生关系趋向对称性 [J]. 国际问题研究, 2010（2）: 39–43.

唐小松. 中美经济共生关系下的战略互需及选择 [J]. 现代国际关系, 2007（2）: 36–39.

唐钊, 乔刚. 航空碳税争议及我国的应对 [J]. 湘潭大学学报: 哲学社会科学版, 2014（2）: 16–20.

陶短房. "领导人订单", 赔赚自知 [J]. 世界博览, 2013（10）: 33–37.

滕尼斯. 共同体与社会 [M]. 林荣远, 译. 北京: 商务印书馆, 1999.

滕培圣, 李爱华. 国际政治关系中的 "第二轨道" 析论 [J]. 山东师范大学学报: 人文社会科学版, 2005（2）: 104–107.

万丽华, 等, 译注. 孟子 [M]. 北京: 中华书局, 2006.

王帆. 不对称相互依存与合作型施压: 美国对华战略的策略调整 [J]. 世界经济与政治, 2010（12）: 31–53.

王夫之. 尚书引义 [M]. 北京: 中华书局, 1976.

王沪宁. 作为国家实力的文化: 软权力 [J]. 复旦学报: 社会科学版, 1993 (3): 91-96.

王建民. 波音构建牢固政府关系 [J]. 国际公关, 2005 (6): 27-28.

王猛. 中非合作塑造中国负责任大国形象 [N]. 新华每日电讯, 2012-07-19.

王树春, 陈茜茜. "经济外交"的内涵及其特点 [J]. 国际资料信息, 2007 (2): 8-10.

王思斌. 社会学教程 [M]. 北京: 北京大学出版社, 2012.

王潇雨. 航空碳税风波中场休息 [N]. 华夏时报, 2012-02-13.

王炎. 从好莱坞中国题材影片看西方的中国想象 [N]. 文艺报, 2008-05-10.

王艳, 薛英英. 从《花木兰》到《功夫熊猫》: 论美国动画电影中的中国形象 [C]// 浙江大学中国现当代文学与文化研究所. "百年中国文学与中国形象" 国际学术研讨会论文集. 2010: 262-271.

王毅. 坚持正确义利观积极发挥负责任大国作用: 深刻领会习近平同志关于外交工作的重要讲话精神 [N]. 人民日报, 2013-09-10.

王毅. 探索中国特色大国外交之路 [J]. 国际问题研究, 2013 (4): 1-7.

王毅在十二届全国人大二次会议举行的记者会上就中国外交政策和对外关系答中外记者问 [N]. 人民日报, 2014-03-09.

王勇. 试论利益集团在美国对华政策中的影响: 以美国对华最惠国待遇政策为例 [J]. 美国研究, 1998 (2): 60-79.

王勇. 中美经贸关系 [M]. 北京: 中国市场出版社, 2007.

王勇. 最惠国待遇的回合: 1989—1997 年美国对华贸易政策 [M]. 北京: 中央编译出版社, 1998.

王泽应. 王夫之义利思想的特点和意义 [J]. 哲学研究, 2009 (8): 54-58.

王志敏, 赵斌. 电影学 [M]. 北京: 北京大学出版社, 2015.

韦宗友 . 国际议程设置：一种初步分析框架 [J]. 世界经济与政治，2011
　　（10）：38-52.

温彬，解兴权 . 欧盟征收航空碳税的影响及对策 [J]. 国际金融，2012（2）：
　　64-69.

吴卫华 . 审视与反思：好莱坞的中国故事和中国形象 [J]. 江汉论坛，2013
　　（5）：100-105.

吴心伯 . 建构中国外交的"和力" [J]. 国际问题研究，2013（2）：114-121.

吴心伯 . 中美经贸关系的新格局及其对双边关系的影响 [J]. 复旦学报：社
　　会科学版，2007（1）：1-10.

吴瑛 . 中国话语权生产机制研究：基于西方舆论对外交部新闻发言人引用
　　的实证分析 [M]. 上海：上海交通大学出版社，2014.

武桂馥 . 最惠国待遇与中美关系 [M]. 北京：中共中央党校出版社，1992.

习近平 . 谋求持久发展共筑亚太梦想：在亚太经合组织工商领导人峰会开
　　幕式上的演讲 [N]. 人民日报，2014-11-10.

习近平 . 习近平谈治国理政（第一卷）[M]. 北京：外文出版社，2014.

习近平 . 在中国国际友好大会暨中国人民对外友好协会成立 60 周年纪念
　　活动上的讲话 [N]. 人民日报，2014-05-16.

项卫星，王达 . 论中美金融相互依赖关系中的非对称性 [J]. 世界经济研
　　究，2011（7）：10-16.

谢林 . 冲突的战略 [M]. 赵华，等译 . 北京：华夏出版社，2011.

谢林 . 军备及其影响 [M]. 毛瑞鹏，译 . 上海：上海人民出版社，2011.

邢悦，詹奕嘉 . 负责任大国：理论、历史与现实 [J]. 复旦国际关系评论，
　　2008（1）：80-93.

邢悦 . 文化如何影响对外政策：以美国为个案的研究 [M]. 北京：北京大学
　　出版社，2011.

徐德林 . 好莱坞，中国电影的敌人？ [J]. 世界知识，2012（7）：60-61.

徐涤宇，黄美玲.单方允诺的效力根据 [J].中国社会科学，2013（4）：141–160.

徐海龙.好莱坞电影的意识形态与文化（1967—1983）[M].北京：首都师范大学出版社，2013.

许宝强，袁伟.语言与翻译的政治 [M].北京：中央编译出版社，2001.

阎学通.中国外交全面改革的开始 [J].世界知识，2013（24）：15–16.

颜纯钧.电影的商业性和商业性的电影 [J].当代电影，1998（2）：55–63.

杨洁篪.新形势下中国外交理论和实践创新 [J].求是，2013（16）：7–10.

杨毅.联盟体系下的经济事务与国家安全：一项分析框架 [J].国际论坛，2010（6）：42–47.

尹贻君，李健.企业市场权力的理性决策 [J].商周刊，2014（17）：78–79.

于斌.组织理论与设计 [M].北京：清华大学出版社，2012.

余万里.美国跨国公司与九十年代的中美关系 [D].北京：中国社会科学院，2003.

余万里.中美相互依赖的结构：理论分析的框架 [J].国际论坛，2007（2）：52–57.

俞文钊.现代激励理论与应用（第二版）[M].大连：东北财经大学出版社，2014.

张岱年，方克立.中国文化概论 [M].北京：北京师范大学出版社，2004.

张岱年.国学要义 [M].北京：北京大学出版社，2012.

张海冰.发展引导型援助：中国对非洲援助模式研究 [M].上海：上海人民出版社，2013.

张宏明.非洲发展报告 No.16（2013—2014）：大国对非政策动向与中非关系的国际环境 [M].北京：社会科学文献出版社，2014.

张茉楠."碳关税"正成为一种新型经济霸权 [N].中国能源报，2011–05–02.

张曙光 . 经济制裁研究 [M]. 上海：上海人民出版社，2010.

张晓通，王宏禹，赵柯 . 论中国经济实力的运用问题 [J]. 东北亚论坛，
    2013（1）：91–98.

张晓通 . 中国经济外交理论构建：一项初步的尝试 [J]. 外交评论，2013
    （6）：49–60.

张学斌 . 经济外交 [M]. 北京：北京大学出版社，2003.

张燕晖 . 行为经济学和实验经济学的基础：丹尼尔·卡尼曼和弗农·史密斯
    [J]. 国外社会科学，2003（1）：79–83.

张燕婴，译注 . 论语 [M]. 北京：中华书局，2006.

张谊浩，裴平，方先明 . 国际金融话语权及中国方略 [J]. 世界经济与政
    治，2012（1）：112–127.

张郁慧 . 中国对外援助研究（1950—2010）[M]. 北京：九州出版社，2012.

张蕴岭 . 中国与周边关系：命运共同体的逻辑 [J]. 人民论坛，2014（6）：
    36–38.

张志洲 . 中国国际话语权的困局与出路 [J]. 绿叶，2009（5）：76–83.

张忠军 . 增强中国国际话语权的思考 [J]. 理论视野，2012（4）：56–59.

赵红军，尹伯成 . 经济学发展新方向：心理学发现对经济学的影响 [J]. 南
    开经济研究，2003（6）：30–34.

赵灵敏 . 审视中国的"订单外交"[N]. 华夏时报，2014–12–22.

浙江大学中国现当代文学与文化研究所 . "百年中国文学与中国形象"国
    际学术研讨会论文集 [C]. 2010.

浙江师范大学非洲研究院 . 非洲研究（2010 年第 1 卷）[M]. 北京：中国社
    会科学出版社，2011.

郑必坚 . 全方位构建国际"利益汇合点"和"利益共同体"的几点思考 [J].
    毛泽东邓小平理论研究，2011（3）：1–4.

中共中央党校省部班课题组 . 发出中国的声音：如何进一步提升中国国际

话语权 [J]. 中国党政干部论坛，2011（11）：19–23.

中国成为非洲经济新动力 [J]. 金融博览，2006（4）：30.

中共中央关于全面深化改革若干重大问题的决定 [N]. 人民日报，2013–11–16.

中华人民共和国商务部 . 投资美国指南（第二章）[R]. 2012–02–13.

中央外事工作会议在京举行 [N]. 人民日报，2014–11–30.

周方银 . 中国外交软与硬的标准是什么 [J]. 人民论坛，2013（12）：56–57.

周弘 . 中国援外 60 年 [M]. 北京：社会科学文献出版社，2013.

周丕启，张晓明 . 国际关系中的国家权力 [J]. 国际论坛，2004（1）：47–52.

周琪，李枏 . 约瑟夫·奈的软权力理论及其启示 [J]. 世界经济与政治，2010（4）：69–96.

周文萍 . 当今美国电影里的中国资源与中国形象 [D]. 广州：暨南大学，2009.

周永生 . 经济外交 [M]. 北京：中国青年出版社，2004.

周舟 . 中美关系中的议题联系与议题脱钩 [J]. 外交评论，2011（1）：118–127.

朱玉红 . 王夫之对传统义利观的继承与辩证分析 [J]. 东疆学刊，2001（3）：58–61.

## 英文部分

Anderson K，Bows A，Upham P. Growth scenarios for EU & UK aviation：Contradictions with climate policy[R]. Tyndall Center for Climate Change Research，2006.

Andrews D M，ed. International Monetary Power[M]. London：Cornell University Press，2006.

Axelrod R M. The Evolution of Cooperation[M]. New York : Basic Books, 1984.

Bachrach P, Baratz M S. Two faces of power[J]. American Political Science Review, 1962, 56（2）: 947–952.

Baldwin D A. Economic Statecraft[M]. Princeton : Princeton University Press, 1985.

Baldwin D A. Paradoxes of Power[M]. New York : Basil Blackwell, 1989.

Baldwin D A. The power of positive sanctions[J]. World Politics, 1971, 24（1）: 19–38.

Baldwin W L. Market Power, Competition, and Antitrust Policy[M]. Homewood : Irwin, 1987.

Bartels L. The WTO legality of the application of the EU's Emission Trading System to aviation [J]. The European Journal of International Law, 2012, 23（2）: 429–467.

Bayne N, Woolcock S, eds. The New Economic Diplomacy : Decision-making and Negotiation in International Economic Relations[M]. 3th ed. Hampshire : Ashgate Publishing Limited, 2011.

BBC World Service Poll. Global views of United States improve while other countries decline[R]. 2010 : 7.

BBC World Service Poll. Views of China and India slide while UK's rating climb : Global poll[R]. 2013 : 7.

BBC World Service Poll. Views of Europe slide sharply in global poll, while views of China improve[R]. 2012.

BBC World Service Poll. Views of US continue to improve in 2011 BBC Country Rating Poll[R]. 2011.

BBVA Research. The multifaceted world of exports : How to differentiate between export-driven strategies[R]. Madrid : Economic Watch, 2014.

Berenskoetter F, Williams M J, eds. Power in World Politics[M]. London : Routledge, 2007.

Bergeijk P A G V. Economic Diplomacy, Trade and Commercial Policy : Positive and Negative Sanction in a New World Order[M]. Cheltenham : Edward Elgar Publishing Limited, 1994.

Blanchard J-M F, Mansfield E D, Ripsman N M, eds. Power and the Purse : Economic Statecraft, Interdependence and National Security[M]. London : Frank Cass, 2000.

Blau P M. Exchange and Power in Social Life[M]. New York : John Wiley & Sons, Inc., 1964.

Boulding K E. General systems theory : The skeleton of science[J]. Management Science, 1956, 2 ( 3 ): 197–208.

Carlsnaes W, Risse T, Simmons B A, eds. Handbook of International Relations [M]. London : Sage, 2002.

Chay J, ed. Culture and International Relations[M]. New York : Praeger Publishers, 1990.

Cooper A F, Heine J, Thakur R. The Oxford Handbook of Modern Diplomacy[M]. Oxford : Oxford University Press, 2013.

Craig G A, George A L. Force and Statecraft : Diplomatic Problems of Our Time[M]. New York : Oxford University Press, 1990.

Crumm E M. The value of economic incentives in international politics[J]. Journal of Peace Research, 1995, 32 ( 3 ): 313–330.

Dahl R A. The concept of power[J]. Behavioral Science, 1957, 2 ( 3 ): 202–203.

Daoudi M S, Dajani M S. Economic Diplomacy : Embargo Leverage and World Politics[M]. Colorado : Westview Press, 1985.

Davidson W D, Montville J V. Foreign policy according to Freud[J]. Foreign Policy, 1981（45）: 145-157.

De Callières M. On the Manner of Negotiating with Princes[M]. Indiana : University of Notre Dame Press, 1963.

Digeser P. The fourth face of power[J]. The Journal of Politics, 1992, 54（4）: 977-1007.

Doxey M P. International Sanctions in Contemporary Perspective[M]. Hampshire : Palgrave Macmillan UK, 1987.

Emerson R M. Power-dependence relations[J]. American Sociological Review, 1962, 27（1）: 31-41.

Ernst & Young's Global Media & Entertainment Center. Spotlight on China : Building a roadmap for success in media & entertainment[R]. London : Ernst & Young, 2012.

Foucault M. Power/ Knowledge : Selected Interviews and Other Writings, 1972-1977[M]. New York : Pantheon Books, 1980.

Gilpin R. U.S. Power and the Multinational Corporation : The Political Economy of Foreign Direct Investment [M]. New York : Basic Books, 1975.

Griffin K B, Enos J L. Foreign assistance : Objectives and consequences[J]. Economic Development and Cultural Change, 1970, 18（3）: 313-327.

Hirschman A O. National Power and the Structure of Foreign Trade[M]. London : University of California Press, 1945.

Jackson R M. Patterns of political interaction : Reciprocity and coercion[J]. International Studies Quarterly, 1973, 17（4）: 445-470.

Kahneman D, Tversky A. Prospect theory : An analysis of decision under risk[J]. Econometrica, 1979, 47（2）: 263-291.

Kaiser D E. Economic Diplomacy and the Origins of the Second World War [M].

New Jersey : Princeton University Press, 1980.

Kaplan, M A. An Introduction to the strategy of statecraft[J]. World Politics, 1952, 4 ( 4 ): 548–576.

Katz D, Kahn R L. The Social Psychology of Organizations[M]. New York : John Wiley & Sons, Inc, 1966.

Keltner D, Gruenfeld D H, Anderson C. Power, approach, and inhibition[J]. Psychological Review, 2003, 110 ( 2 ): 265–284.

Keohane R O, Nye J S. Power and Interdependence : World Politics in Transition[M]. Toronto : Little, Brown, 1977.

Keohane R O. After Hegemony : Cooperation and Discord in the World Political Economy[M]. Princeton : Princeton University Press, 1984.

Keohane R O. Reciprocity in international relations[J]. International Organization, 1986, 40 ( 1 ): 1–27.

Kindleberger C P. Power and Money : The Politics of International Economics and Economics of International Politics[M]. New York : Basic Books, 1970.

Kirshner J. Currency and Coercion : The Political Economy of International Monetary Power[M]. New Jersey : Princeton University Press, 1995.

Kissinger H. For the Record : Selected Statements, 1977–1980[M]. Boston : Little, Brown and Company Limited, 1979.

Knorr K. The Power of Nations : The Political Economy of International Relations[M]. New York : Basic Books, 1975.

Kroll J A. The complexity of interdependence[J]. International Studies Quarterly, 1993, 37 ( 3 ): 321–347.

Kunz D B. Butter and Guns : America's Cold War Economic Diplomacy[M]. New York : the Free Press, 1997.

Larson D W. Exchange and reciprocity in international negotiations[J]. International Negotiation, 1998, 3（2）: 121-138.

Lasswell H D, Kaplan A. Power and Society : A Framework for Political Inquiry[M]. New Haven : Yale University Press, 1950.

Lasswell H D. World Politics Faces Economics[M]. New York : McGraw-Hill, 1945.

Li Chien-Pin. The effectiveness of sanction linkages : Issues and actors[J]. International Studies Quarterly, 1993, 37（3）: 349-370.

Livingston S G. The politics of international agenda-setting : Reagan and North-South relations[J]. International Studies Quarterly, 1992, 36（3）: 313-329.

Lohmann S. Linkage politics[J]. The Journal of Conflict Resolution, 1997, 41（1）: 38-67.

Long W J. Trade and the technology incentives and bilateral cooperation[J]. International Studies Quarterly, 1996, 40（1）: 77-106.

Lukes S. Power : A Radical View[M]. 2th ed. London : Palgrave Macmillian, 2005.

Mead W R. America's sticky power[J]. Foreign Policy, 2004（141）: 46-53.

Medeiros E S, Fravel M T. China's new diplomacy[J]. Foreign Affairs, 2003, 82（6）: 22-35.

Morris D J Jr. Market Power and Business Strategy : In Search of the Unified Organization[M]. London : Quorum Books, 1996.

Muller M. South Africa's economic diplomacy : Constructing a better world for all?[J]. Diplomacy & Statecraft, 2002, 13（1）: 1-30.

Nye J S Jr. Bound to Lead : The Changing Nature of American Power[M]. New York : Basic Books, Inc., Publishers, 1990.

Nye J S Jr. Soft Power : The Means to Success in World Politics [M]. New York : PublicAffairs, 2004.

Nye J S Jr. Soft power[J]. Foreign Policy, 1990, 69（80）: 153-171.

Nye J S Jr. The Future of Power[M]. New York : Public Affairs, 2011.

Nye J S Jr. The Powers to Lead[M]. New York : Oxford University Press Inc., 2008.

Oye K A, et al. eds. Eagle Entangled[M]. New York : Longman, 1979.

Pfetsch F R. Negotiating Political Conflicts[M]. New York : Palgrave Macmillan, 2007.

Public Citizen's Global Trade Watch. Purchasing power : The Corporate-White House Alliance to pass the China Trade Bill over the will of American people[R]. 2000.

Putnam R D. Diplomacy and domestic politics : The logic of two-level games[J]. International Organization, 1988, 42（3）: 427-460.

Rosecrance R N, Stein A A, eds. No More States? Globalization, National Self-determination, and Terrorism[M]. Maryland : Rowman and Littlefield Publishers, 2006.

Russett B, Starr H, Kinsella D, et al. World Politics : The Menu for Choice[M]. Beijing : Peking University Press, 2003.

Scott J, Rajamani L. EU climate change unilateralism[J]. The European Journal of International Law, 2012, 23（2）: 469-494.

Shambaugh D. China Goes Global : The Partial Power[M]. New York : Oxford University Press, 2013.

Silverstein K. The new China hands[J]. Nation, 1997, 264（6）: 11-16.

Snyder G H, Diesing P. Conflict Among Nations : Bargaining, Decision Making, and System Structure in International Crises[M]. New Jersey :

Princeton University Press, 1977.

Stein A A. The Politics of Linkage[J]. World Politics, 1980, 33 ( 1 ): 62–81.

Strange A, Parks B, Tierney M J, et al. China's development finance to Africa : A media–based approach to data collection[J]. Social Science Electronic Publishing, 2013 : 1–63.

Tollison R D, Willett T D. An economic theory of mutually advantageous issue linkages in international negotiations[J]. International Organization, 1979, 33 ( 4 ): 425–449.

Weber M. The Theory of Social and Economic Organization[M]. New York : The Free Press, 1947.

Wrong D H. Power : It's Forms, Bases, and Uses[M]. New Brunswick : Transaction Publishers, 1995.

# 后　记

　　本书是在我的博士学位论文基础上修改完成的。在论文写作的过程中，我曾经无数次地想象过最终完成论文写致谢的那一刻。当时心里波澜起伏，有千言万语，有无尽感慨。而当那一刻真正到来的时候，我似乎平静了很多。回想读博这几年，首先要感谢的是我的导师陈志敏教授。当时，我的考博生涯一波三折，我怀着试一下的心理报考了复旦大学，非常意外又非常惊喜的是，陈老师接收了我，并且没有任何犹豫。当时，如果陈老师没有接收我，我的人生之路可能就会突然没有着落。后来，我越发觉得要感谢陈老师：如果不是陈老师接收我，我不会来上海，更不会有如此神奇的缘分遇到人生的另一半。一切都像早已安排好了似的，我的读博生涯由此开启。这是一个新的篇章。

　　在我做论文选题的时候，陈老师提到了一位美国学者提出的"黏性权力"（sticky power）这一概念，也就是"经济权力"。对于中国来说，不断增长的经济实力提供了丰富的经济权力资源，这是一个非常值得研究的问题。因此，"黏性权力"就像一颗种子，经过几年的培育，终于生根发芽，长成了"吸引性经济权力"这棵小树。读博期间，我与陈老师合作发表了两篇论文：《权力的资源与运用：兼论中国外交的权力战略》《吸引性经济权力在中国外交中的运用》。在与陈老师合写论文的过程中，我学到了很多东西。一方面，陈老师对新的研究问题具有前瞻性的眼光，他总能给学生提供很好的选题建议。另一方面，陈老师敢于创新。在与陈老师共同发表的文章中，也包括我的博士学位论文中，都使用了很多新的概念，这些新鲜的词语几乎都是陈老师的灵感之作。我不得不说，陈老师是很有创造力的。特别值得一提的是，陈老师为学十分严谨。可能陈老师自己都不知道，《吸引性经济权力在中国外交中的运用》这篇文章，他让我改了 26 遍。当时我早就觉得差不多了，但是改了一遍又一遍……不过我想，以后我做了老师，我也会这样严格要求自己、严格要求学生。有一次，我跟一个同学聊起陈老师怎么给我改博士学位论文，他感叹说，作为院长这么忙，还能一页一页地看、一句一句地改，确实不容易。这就是我的导师，对事严格、对人宽容。

在完成论文的整个过程中，我也得到了其他几位老师的帮助和指导。感谢樊勇明教授、徐以骅教授、沈丁立教授在论文开题中给我提出的宝贵意见和写作建议；感谢张建新教授、郑宇教授、宋国友教授在预答辩中非常中肯地提出我的论文存在的问题并给予针对性的修改意见；感谢叶江教授、庞中英教授、潘忠岐教授对我的论文作出的细心评阅；感谢俞正樑教授参加我的博士学位论文答辩。同时，感谢我的同学和朋友。感谢 2011 级国际政治博士班的全体同学；感谢读博期间的好友李学楠博士、鲁迎春博士、严敏博士、何健宇博士，因为有你们、有咱们的小组织，灰色的读博生活变成了彩色；感谢师门的所有兄弟姐妹，简军波老师、宋黎磊老师、张骥老师、戴轶尘师姐、吉磊师姐、王磊师兄、甄妮师姐、孙贝芸、姚旭、陆文婷、彭重周、成小红、贾妮、寇培秋、郑子昂、张亚宁，感谢你们在研讨课上提出的真诚建议，感谢你们在我撰写论文陷入僵局时及时给予鼓励，每次听到师兄师姐说"有事打电话给我""有问题来找我"时，都觉得无比的温暖。

另外要特别感谢我的先生朱涛。在论文写作的漫长日子里，他不仅每天要听我念叨，还要开导我、鼓励我；不仅要跟我聊论文以提供灵感，还要帮我画图计算数据。更难为他的是，要忍受我的坏脾气和变化无常的情绪。在这个过程中，我经历了两次延期，经历了全身的湿疹，甚至差点抑郁，我很幸运有他在我身边，陪我度过这些难熬的日子。有一天，他笑着说："你毕业了，真不容易。"又紧接着一句："我是说我不容易。"在此我也要感谢我的家人，感谢爷爷奶奶的疼爱，感谢爸爸妈妈的养育，感谢姑姑和姑父的教导，感谢我的弟弟乐乐和陶子用他们不太着调的方式鼓励我。家人是我温暖的依靠，是我的动力之源。在本书即将出版之际，衷心感谢陈翮编辑的辛苦付出。小书既成，我将以此为起点，开始新的工作和生活。再次感谢所有关心我的人。

常璐璐

2020 年 5 月